2017年度教育部人文社会科学研究专项课题
"全员育人：'同向同行'的平台设计与教师组织——以'大国方略系列课为例'"
项目批准号：17JDSZ1013

创新时代
青春出彩

顾骏 主编

上海大学出版社
·上海·

图书在版编目(CIP)数据

创新时代　青春出彩 / 顾骏主编. —上海：上海大学出版社,2017.10
 ISBN 978 - 7 - 5671 - 2953 - 5

Ⅰ.①创… Ⅱ.①顾… Ⅲ.①大学生-创造教育-文集 Ⅳ.①G640-53

中国版本图书馆 CIP 数据核字(2017)第 276927 号

责任编辑　傅玉芳　庄际虹
　　　　　　徐雁华
封面设计　柯国富
技术编辑　金　鑫　章　斐

创新时代　青春出彩
顾　骏　主　编
上海大学出版社出版发行
(上海市上大路 99 号　邮政编码 200444)
(http://www.press.shu.edu.cn　发行热线 021 - 66135112)
出版人　戴骏豪
＊
南京展望文化发展有限公司排版
上海华教印务有限公司印刷　各地新华书店经销
开本 710 mm×1000 mm　1/16　印张 12.5　字数 169 千
2017 年 10 月第 1 版　2017 年 10 月第 1 次印刷
ISBN 978 - 7 - 5671 - 2953 - 5/G・2649　定价　28.00 元

目　录

前言：今天的向往，明天的人生 ………………………………… / 001

1　为生民立命，为万世创新 …………………………… 徐　嘉 / 001
2　一本书引发的"血案" ………………………………… 刘顺帆 / 006
3　家国情怀与创新意识
　　——为新一轮全球化出一份力 ……………………… 金政希 / 011
4　工匠精神与创新魂 …………………………………… 施蕙雯 / 016
5　创新，小事成就大目标 ……………………………… 丁志文 / 020
6　创新的关键——设计思维 …………………………… 朱烨晨 / 024
7　创新：上大给我上的第一堂课 ……………………… 黄　宇 / 029
8　创新之我见 …………………………………………… 李　尧 / 032
9　俱怀逸兴壮思飞，欲上青天揽明月
　　——读《创新路上大工匠》有感 …………………… 于笑寒 / 035
10　创"创新"内涵之新 ………………………………… 缪　赛 / 040
11　创新之艰美 ………………………………………… 余诗扬 / 045
12　对于创新的理解和人生的展望 …………………… 王文川 / 048
13　艺术大工匠 ………………………………………… 李逸安 / 051
14　如何搞创新？"玩"出来！ ………………………… 李家豪 / 055
15　荒境寻井 …………………………………………… 丁嫣然 / 058
16　创新上大，铸大国工匠 …………………………… 彭宝萱 / 061

17	创新路上大工匠	马宇辉	064
18	《创新路上大工匠》读后感	王路遥	068
19	走好创新路	何少敏	071
20	创新——隐藏的"基因"	孙 婕	074
21	守正出奇,前路漫漫 ——读《创新路上大工匠》有感	俞 玮	077
22	创新行者	罗 嫒	080
23	习创新之质,尽工匠之职 ——读《创新路上大工匠》有感	王任如意	084
24	用万众之思谱写未知蓝图	胡佳怡	087
25	创新上大,我和你	刘晓雅	091
26	以创新之名	孔东宁	094
27	响应时代潮流,实现"万众创新"	张泰宇	099
28	爱创新因为我爱玩 ——《创新路上大工匠》读后感	邹 越	103
29	创新,我在上大	万小熙	107
30	握住创新的手	薛淑蕙	110
31	我的上大我创新	吴梦男	113
32	从乐高积木到人生蓝图 ——创新在我心中的具体化	张鑫琪	116
33	以创新为名,铸国之巨匠	霍治臣	119
34	创新之独特见解	卫璐雨婷	124
35	脚踏实地的创新	顾怡晴	128
36	我的上大我创新	常冰清	131
37	大国创新路	董泽正	134
38	云上大鱼	邹应菊	138
39	我所看见的世界	邹 丰	141
40	墨香传上大,创新展新章	蒋一玉	144

41 我的上大我创新
　　——"无中生有"超越巅峰 ················· 余汇涓 / 148
42 我为创新路上大工匠点赞 ················· 万事胜意 / 151
43 数据改变生活 ························· 白皓天 / 155

附录一　"我的上大我创新"新生征文比赛邀请信 ············ / 158
附录二　感受创新,体认中国
　　　　——《创新路上大工匠》设计思路 ········ 顾　骏 / 160
附录三　"创新中国"课程:"同向同行"的平台设计和
　　　　教师组织 ······················ 顾　骏 / 163
附录四　传统文化与当代青年 ················ 顾　骏 / 171

后记 ······································ / 181

前言：今天的向往，明天的人生

这本书是上海大学部分2017年本科新生，利用高考紧张和入学新鲜之间短暂时间，阅读《创新路上大工匠》，就创新、学校和自己未来，认真思考后写下的文字。这既是大学生的心声，也是上海大学教书育人整体布局的一个创新环节。所以，虽为准大学生习作的汇编，由来却颇不平常。

征文来自一本书，《创新路上大工匠》；书来自一门课，"创新中国"；课程来自一门更早的课，叫做"大国方略"。

2014年11月18日，上海大学运用独创的授课方式"项链模式"，开设了面向本科生的通识课"大国方略"。课程因为名称霸气、立意高远、内容丰富、师资优秀、时效性强、信息量大而受到学生喜爱，社会反响良好。课程团队趁热打铁，三年里连续开设类型相同而主题不同的课程，至今已形成被誉为"五朵金花"的课程系列，在"大国方略"（2014）之外，还有"创新中国"（2015）"创业人生"（2016）"时代音画"（2017）和"经国济民"（2017）。

所有这些明显带有"宏大叙事"风格的课程，追求的是同一个目标：让大学生感知时代，了解现实，"在国家发展和个人前途的交汇点上",思考未来,把握自己,规划人生。这个独具匠心的设计是为了帮助大学生应对一个现实的挑战。

中国经济持续高速发展,极大地改善了包括大学生在内的全体国民的生活状况,互联网普及为各层次学生获得超出课堂的认知,提供了前所未有的便利。不同材料,多样观点,如潮水般涌来,既有助于大学生了解世界,也可能让他们陷入某种困境:面对众说纷纭的网络意见,是不加区别、照单全收,还是拒绝盲从、坚持独立判断?显然,后一种策略才符合人们关于一个受过高等教育的现代人的想象,但大学生应该掌握的判断标准和不轻易受外部观点影响的定力,从何而来?天上不会掉下来,先天获得是不可能的,而学校尤其是课堂也无法把现成的结论预先固化在大学生的头脑中,让他们能"以不变应万变",更难以让他们无条件接受尚未发自内心认同的标准。在今日大学生那里,上课时通过手机,即时查对老师讲授内容在搜索网站上是怎么说的,几成习惯性动作,而且通常网上那些虽不权威,但颇具亲和力的信息,还更容易引起共鸣。互联网急速发展所带来的信息爆炸,让人类个体普遍遭遇信息碎片化、认知碎片化、标准碎片化乃至人生碎片化的现实威胁,涉世未深的大学生由于取舍能力有限,很容易陷入思维纷乱之中,说"危机四伏",并不夸张。

认知心理学研究成果表明,人类对任何信息只有先明确其在整体架构中的位置,才能解读出其应该具有的特定含义。比如,对于任何语境不明的话音,我们只有先确定其属于哪种语言或方言,才能知道这些音节表达什么意思。这意味着,要让大学生正确判断所接触信息的含义,最有效的办法不是在有限的课堂教学时间内,提供尽可能多的结论或标准,而是帮助他们掌握认知世界所必需的整体架构。大方向有了,各类信息自动归位,大学生就不会再四顾彷徨。"宏大叙事"的"大国方略"课程系列应运而生。

作为"大国方略"课程系列之二,"创新中国"围绕创新的主题,以中国创造在世界科技体系中的位置为着眼点,引导学生展望"世界等待什么",直面"国家需要什么",呼应"上海承担什么",盘点"上海大学能做什么",最后考虑"上大学生可以学什么"。团队以课程为平台,组织学校内强势学科和优势专业的学术带头人,包括院士、"国家杰青"、"千人计划"等著名科学家、工程师,联袂登上讲台,结合世界科学技术发展格局和中国科技创新的态势,向本科生展示重大科技领域中创新的思路、过程和成果。科技创新本身的吸引力和创新者的人格魅力,吸引了大学生,而大教授进课堂不但保证了通识课的质量,还为师生密切互动提供了制度化通道。

不同学科和专业的教师共同服务于大学生的人生发展,在宗旨上,践行了教书育人的神圣职责,在方式上,实现了知识性学科与规范性学科的"同向同行",将"全员育人""全程育人"落到了实处。

如果说"大国方略"开创了课程滚动开发的模式,那么"创新中国"则开创了一门课滚动开发的模式。"创新中国"在第一轮开课时,就由专门开发和运营在线课程的北京超星尔雅教育科技公司同步制作慕课,并在2016年秋季,面向全国播出。目前已有500多所高校的10多万名大学生选修了这门课。同时,课程策划人暨主持人、上海大学社会学院顾骏教授,联合十位任课教师包括上海大学党委书记、校长金东寒院士和"国家杰青"、时任上海大学党委书记的罗宏杰教授,编写了反映上海大学若干强势学科的科学家、工程师创新精神、科学态度和研究实力的《创新路上大工匠》一书,于2017年5月由上海大学出版社出版。

此时恰逢高考前夕,课程团队有意借助这本书,给今年新招的本科生布置一份在家作业,让同学们在入学前就对国家创新战略有所了解,对学校教学科研布局有所认知,对创新本身有所感受。这一想法得到上海大学出版社的大力支持,双方共同策划了向全体新生包括本科生、硕士研究生和博士研究生赠送《创新路上大工匠》,并在本科新生中开展征文比赛的活动。

尤为幸运的是,此项活动得到上海高校后勤集团、上海教育超市的认可和大力支持。为鼓励大学生自主学习、积极创新,富有社会责任心的两家企业，决定资助此项活动，捐款购买10 300多本《创新路上大工匠》，赠送学生。其中本科新生的赠书随着上海大学录取通知书一起，第一时间到达新生手中。

一起送达的还有以上海大学教务处和学工办名义发出的征文邀请信。"我的上大我创新"征文比赛受到同学们欢迎，至8月31日截稿时，共收到征文214篇。经过专家评审，从中选出43篇文章，由顾骏教授逐一点评后，结集出版。于是，就有了现在的这本书。

《创新时代 青春出彩》是这本准大学生征文集最后确定的名字。"创新"是主题，"时代"反映创新对于中国乃至世界的意义，"青春"指的自然是当今大学生，而"出彩"则代表对大学生今日见解的肯定和未来成就的祝福：虽然他们尚未真刀真枪地投入创新实践，但向往创新的激情，最后有可能幻化为他们人生中一抹异彩亮色！为大学生人生出彩搭台，才是这本书根本意义之所在。

书中，在每一篇征文后面，有编者专门撰写的评论。经验丰富的教师都知道，学生无论哪个层次，对于老师给自己文章写点评，都有期待，而且这种期待未必就是获得表扬，只要确有道理，能让学生发现自己的不足，尤其是以前不曾意识到的不足，即便措辞严厉，也不是不可接受的。如果语言俏皮些，语气幽默点，调侃式的批评远比板着面孔的表扬更受欢迎。90后乃至00后有足够的雅量听取前辈善意批评，不会那么心理脆弱。点评时，编者既看到入选文章的优点，尤其对那些充满家国情怀、生动反映上大学生胸襟气度的文字不吝赞赏之词。同时，也注意对具有独立判断，且能自圆其说的文字，在肯定的同时，稍作学理剖析。还对一些存在明显不足的文章，提出了轻重不等的针砭。能得到肯定当然好，但只要进入这本集子，已经说明文章得到了认可，这不应该引起任何误解，没有一篇文章只是为了提供"反面典型"而入选的。

对相似的文章做不同角度的处理，或给予正负有别的评价，不是因为点评者有"炫技"的爱好，更不是出于偏心故作区别对待，而是纯粹为了满足一项技术性要求，即增加这本书的可读性。众所周知，征文活动必须采用统一命题,因此必定给文集带来致命弱点,尽管作者不同,文章却频频出现立意、内容、风格乃至修辞的雷同,是不可避免的。由人生经验有限的准大学生提交的征文,肯定会更严重地表现出此类症状。在这种情况下,如果点评也套用一个模板,搞成千人一面,那只能说明点评者不思进取、不负责任、误人子弟。在这本集子中,点评承担了调味、增色、添香的职责,点评者不敢玩忽职守,阅读者务必作"同情式理解"。

评语必须针对具体的文章,但每篇评语的作用不能局限于对文章作者个人成长有益,还应该让所有翻阅这本书的读者开卷有益,特别是要让有待完成从应试作文到学术论文转变的准大学生,能从阅读中获得个案学习的机会,所以,不少点评强调了文章写法的要点,尤其是独立观点和严格论证的重要性。其实,在每年研究生、博士生毕业论文答辩时,低年级的学生也会被邀请来旁听,老师们的评论和提问,往往不只考虑答辩学生的需要,也会努力让旁听的学生从中获益,这样他们以后写作论文时就可以少走弯路。基于同样的考虑,有些点评略有借题发挥的意思,请作者谅解。甘做人梯是学界大师的美德,大学生也可以学起来。

按照接受美学的原理,创作永远在进行中,最终作品存在于每个读者的理解中。点评者和阅读者一样,都在自觉不自觉地参与每篇论文的写作。没有一个人是完美的,疏忽乃至误读都是无法完全避免的,读者参与完成的作品和作者本意有所差距甚至大相径庭都是可能的。作为自我解脱的一种方式,点评者始终抱有一个希望,那就是即便自己理解错了,也能在读者那里歪打正着,发挥尽可能好的作用。

征文的特点尤其是亮点,书里已有呈现,在此不赘,但有句话不能不说。上海大学2017级本科新生共有5 500余人,全部拿到了《创新路上大工匠》,但提交文章的只有214位学生,比例明显偏低,其中还有相当部分文章完全偏离主题,属于信马由缰之作。这样的情况当然不符合活动策划者的预期。但这不能完全怪罪于学生不懂事或者偷懒,类似活动太少,中学和大学之间缺乏必要过渡,可能是主要原因。十二年应试教育让学生失去学习乐趣,他们对任何形式的"作业"容易产生逆反心理而不自知。征文中许多学生谈到,面对科学家、工程师以"爱好""有趣""愉悦""好奇心""实现人生价值"乃至"体悟天道"作为创新动力,深感新奇甚至惊讶!即便耳闻创新者现身说法,讲述"创新的愉悦之道",许多同学仍然习惯于想象创新过程如何艰难刻苦。这里重要的不是实际创新过程是否艰难,而是为什么无法理解艰难恰恰是愉悦的源泉?经过那么多年的"刻苦学习"之后,他们很难想象学习其实不用那么刻苦,甚至根本不苦。"学习之苦"或"创新之苦"很大程度上是中国"科举"教育自我塑造出来的一种刻板模式,其功能是借自艾自怨,来博取社会同情,证明读书人取得向上流动资格和机会的正当性。如此策略虽有效果,但也造成了一种不健康的文化心态,并于千百年后,在应试教育中进一步发酵和强化。既然任何学习都是"苦涩",而且只有"苦涩",那对于刚刚脱离高考之"苦海"的准大学生来说,有什么必要再纯属多余地"苦一回"?

这样的心态甚至在那些完成了征文,并写得相当不错的学生那里,也有程度不同的表现。比如,在文章题目设计上,有些学生相当随意,直接拿征文活动的主题"我的上大我创新"作为题目的有之,取名"创新之我见"的有之,套用"创新路上大工匠"的有之,甚至没有题目,代之以"综述"的亦有之。这里或许有写作能力的问题,因为一篇文章的题目犹如"画龙点睛",龙没画好,点睛当然好不到哪里去,即便龙画好了,点不好眼睛,也十分正常。但更重要的还是,写文章时愿不愿意在设计题目上,多花费一点心思和时间?随便找一个题目的背后仍然是"早结束,早完事"的消极心态!为了尊重学生自己的选择,也为了让学生长久记住,一时间的草率可能成为一辈子的缺憾,我们全部保留了这些题目,仅为那篇自称"综述"的文章,专门设计了一个题目,毕竟如此读后感同合乎规范的综述完全沾不上边。当然,编者没有忘记在点评中特意给予提醒。

其他写作瑕疵，如语病、错别字等，这里不作专门评价。本来想全部留着，以保持"原汁原味"，但出版有要求，这么做容易引起误解，以为出版社编辑工作没做好，故此全部改正了。除此之外，我们没有修改，也没有选出优秀文章后，再退还学生重新润色。青涩的年龄就该是青涩的文字，即便善意的修饰，效果也可能适得其反。

征文活动及其结果反映出来的学生状态，告诉我们这样的活动太有必要，也太有价值了。进大学第一课就应该落到中学教学与大学教学的衔接点或空白点上，缺什么，补什么，而且首先应该在求知心态、思想方法和学习习惯等深层次因素上下工夫，因为两个阶段的教育之间差距太大了。如果说中学生吃的是"盒饭"，每个人吃什么，吃多少，吃多快，吃下去对身体好不好，一切都由老师决定的话，那么大学生吃的就是"自助餐"，饱不饱，营养均衡不均衡，身体强壮不强壮，都需要学生自己决定和承担。在狭窄的河道里流淌许久，小溪总有奔进大海、在汪洋中恣肆的那一天。"创新"这个人类最高生存领域的法则从来不认可老师的越俎代庖，所有取得大成就的创新者，几乎都"青出于蓝而胜于蓝"，他们的老师绝大多数"泯然众人"，与学生的卓尔不群，恰成巨大反差！其实，我们曾经真打算给这本书起名"青蓝集"，寓意学生终将超越老师，在创新的领域中！

当然，一篇文章写不写，写得好不好，除了中考、高考等特殊场合之外，未必对学生的人生有多大影响。征文的意义不在一时一事，而在长远，因为征文活动的真正主旨是引导准大学生于入学前便开始思考时代和未来，规划自己的人生。有理想未必能实现，但没有理想很可能什么都不会发生。今日准大学生的雄心壮志，说不定就是未来科技领域里某项重大成果的种子。编者和所有阅读这本书的人士，殷切期待这一幕成为现实！

顾 骏

2017 年 10 月 2 日

1 为生民立命，为万世创新

⊙徐嘉（社区学院 人文大类）

阅罢掩思，久久不能平静。《创新路上大工匠》像一枚海螺，以此为媒让一个从未见过大海的人得以听见来自远处海浪的阵阵涛声，窥见一个全新的世界：来自各个领域的奇思妙想和卓越成就在这本书中激扬碰撞，共同谱写着上大科技强音编织而成的美妙乐章。书中的海潮漫延开来，淹没眼前的方寸，提醒我们世界除了苟且和远方，还矗立着一座座瑰丽的科学大厦。

一、革故鼎新，大时代的大机遇

世界日新月异，科技发展高屋建瓴已是大势所趋，因循守旧必然是行不通的，在新兴技术遍地萌生、盛放的今天，每一种创想或许都会带来新的机遇，而抓住这些机遇，则需要过人的胆识和包容的心态。

《激流险潭，且看无人胜有人》中，让无人艇和老船长比试，丰富的经验固然能令人"手熟"，但最终科技还是凭借精确测量更胜一筹；《材料基因自有创新密码》中用理论指导配方避免过度浪费的"试错"；现代医学用准确的数据分析代替望闻问切。随着科技日新月异，越来越多的技术能够代替经验，不禁让人感叹一句"滚滚长江东逝水，科技要淘英雄"。凡此种种令人耳目一新的技术让人体会到数学和科学模型所蕴含的简约之美与精确之美。我们不禁畅想,未来的世界是一番什么样的景象?

面对外国人屡获诺贝尔奖,许多人都不禁疑惑,中国历史悠久,漫漫长河中也绝不缺乏智慧的光芒,为什么无法诞生诸如欧几里得几何那样纯粹理性的分析和完整的理论?中医的妙手回春,阴阳家积极解释宇宙的"天人感应论",《大学》里只要正心诚意便可以垂拱而治的精彩推论,等等,它们酣畅淋漓,产生了深远的影响,但和西方科学体系呈现的是两种截然相反的思维方式。在实际操作中,现代科学的技术理论无疑可以更精准地"有的放矢":更多降低成本,更少误入歧途,并且更有理有据。而中国基于经验建立的思维体系同样富有创造力和生命力,造福千秋万代。更值得一提的是,其核心不仅不排斥新事物,还拥有强大的包容性,它们或许不够科学,但它们并不反对科学。

革故鼎新,兼大家之长,融合不同的思维和立场才能碰撞出更璀璨的创意。无论是屠呦呦从古代文献里获得灵感,如今的专业融合以集思广益,还是前辈与年轻人的共同创想,只有打破固化和界限才能产生高质量的创新。

精确的智能技术可以胜任大量人们难以想象的领域,许多人会因此望而却步,不希望自己被替代,然而能够灵活运用的智慧和永不言败的精神才是人类一步步筚路蓝缕、终启山林的关键所在。更何况,在全新的大时代下,许多以往的经验已不再适用。江海不拒细流,故能成就其宽广,任何道路都需要包容的心态,才能越走越宽。

革故,方能鼎新。

二、沐雨栉风,大创新的大不易

读到后面便不难发现,每一章基本都讲到了创新的条件。读书推进越深,便越能感受到各个领域创新路上大工匠们的不易之处。

首先,你需要有经世济用的大情怀以及自我实现的追求。尽管未曾亲历科研工作的辛苦,然而其中"不可为外人道也"的辛酸泪是可以想见的,若不是有信念和满腔热爱的支撑,哪里坚持得下来呢?从前鞭策士大夫的横渠四句同样适用于科研工作者:永不停息,是为了为生民立命,为万世开太平。

其次,不急功近利的环境下造就的"爱玩"心态必不可少。在我们诧异于日本小职员也能获诺贝尔奖的同时,忘记了其背后强大的、支持科技火苗燃烧的大环境。若只是眼盯职称,"通过看文献想题目"交差而已,是无法诞生出巨匠之才的。将研究看做是一件好玩的事情,这样"轻"装上阵的人才是能走得更远的人。同时,对异于常人的思维或者失败的项目给予宽容和耐心,也是营造大环境的因素之一。就像鲁迅先生《未有天才之前》强调土壤的重要性一样,在未有开天辟地的大工匠之前,我们需要有足够的耐心去打一场持久战。

再次,厚积造就薄发。倘若没有雄厚的知识储备,像我这样的门外汉在看到书中的种种难题是不能望其项背。此外,这种厚积并不局限于某一专业,一个高效的团队往往包含了多个学科的交叉合作。打通界限,发散思维常常会有意想不到的结果。在那些集大成者的世界工匠身上,科学和艺术、理性和感性的光芒互相交织,才分外耀眼。这点,我猜想目前的机器应该是做不到的。庄子云知无涯,先不说应该存入哪些领域的知识,这么多信息堆积必然使程序运行困难,无效信息干扰巨大,再说了,灵感捉摸不定,人脑有本事在偶然间将知识进行联系,要模拟的话,其算法想必目前还没有研究出来。

最后,一切理论都是要运用于实践的。虽说万物运行有方,总体规律有迹可循,然而世事难料,在实际操作中还是会面临种种困难。这种时候,不得不佩服能工巧匠们的灵活应变和巧妙的应对能力,让人感叹人脑的智慧。

"九层之台,起于累土。"任何一个人才都不是一日之功便可造就的——钻精研深和不懈追寻,十年如一日的恒心,一个团队的合作互补,一路沐甚雨,栉疾风,披荆斩棘才有了今天的成绩。然而,这些人却始终高歌向前,永不停歇,寻找新的思路。

因为召唤在前,便义无反顾。

三、不卑不亢,小天地的大情怀

尽管科学技术是第一生产力,科学家改造世界的能力更是势如破竹,然而"反者道之动",无论时代如何发展,我们都不能矫枉过正只偏一方。我们不缺技术创新,却罕有无中生有的思想创新。科技可以提高生产力,但思想的生产需要制度和文化的支撑。

精确的量化配方可以做出佳肴美食,却没办法造就一个"成人"。在一个人的成长过程中,不仅要树立科学思维,也要关注人文思想。我们需要精准的量化,但也不可丢失跨越山川湖海的柔情侠义,不能忘记在最开始的时候,我们为何出发。

写了这样多,我不禁思考:身为人文社科学院的一员,身处这样的大环境中的我应当何去何从?

还记得在高考面对学业压力的同时,每个人都还要面对大量的专业选择,面对所谓的"生活所迫",我不止一次问自己:

"你想成为什么样的人?"

曾经,一向务实的语文老师告诉我们,希望我们在怀疑的时代依旧拥有信仰。我不知为何又想起了那横渠四句,短短四句却铁骨铮铮。

这世界很奇怪,车来车往,流光溢彩,会有很多声音干扰你,可是有一个声音,它或许来得会很晚,它或许一直躲在角落未发一声,但有那么一瞬它经过你身边,然后你知道,你找到你的答案了。

"为天地立心,为生民立命,为往圣继绝学,为万世开太平。"

这四句话很简单,要做到却很难。然而我始终固执地想着,我要尽我所能,让身边的人,让我这片小天地因为我而有所改变。

未来是千千万万生生不息的人们共同造就的。世间道路千万种,创新路不止一条,这些路很长,也许会走得很慢,但我决定走下去。

毕竟,心怀理想,便不惝惶。

点评

科技创新根本上是文化创新,对于中国来说尤其如此。文科生关于科技创新的立论难就难在顶天立地。放任玄思,天马行空,没有天花板;贴近经验,洞明世事,讲究肌肤感。现实是,不光大学新生,即便一方专家,也免不了上不着天、下不接地的尴尬。背诵"横渠四句"已成套路,但真要与先生对话,断不可少了胸襟气度。"经世致用"本来就是对文人的要求,才有羽扇纶巾、运筹帷幄之说。人文社科若不致用,何来济世?大时代需要大工匠,大学生需要大视野,"我的上大我创新"征文结集,以此开篇!

2 一本书引发的"血案"

⊙刘顺帆(社区学院 理工大类)

大约半个月前,一本标榜"创新"的蓝皮书送到了我手中。我不情不愿地扫了一眼征文邀请信,哦,原来是学校的一本大宣传册,看来又要写一篇"社会主义好,上海大学好"的"颂歌"了。

"儿子,学校的征文写完没有呀?""没,我在想啊!"几乎每天都会发生这样的对话,然后演变成数落和争吵。现在,我已经把这本书完完整整地看了一遍,又零零散散地翻了不知多少回,然而这篇"颂歌"我还是写不出来,我开始消极怠工,甚至和母亲吵了几架,写了几百字也撕了,究其原因,还是因为我的求新求异的老毛病又犯了,总想搞一点不同凡响的东西出来。而且这本书给我的冲击力是巨大的,一下子炸得我的智商回到出生前,萦绕在我心头的,不仅有醍醐灌顶的喜悦,还有难以言表的沮丧。而这两种截然相反的情绪,其诱因却只有一个:这本"该死"的蓝皮书。

诚然,这本书的确不负"创新"两字,书中的许多观点都是我以前闻所未闻或是从未思考得如此深入的,其中令我印象最深的就是科学与哲学的关系。我曾经认为这个世界上只有两门学科:科学与哲学。而两者之间的关系,打个不恰当的比喻,恰如狼与狈,狼善走而短视,狈视远而腿短,两者合作,无往不利。也就是说,科学只能走到哲学预见之处,但是两者的实际关系呢,却如夸父带着侏儒玩两人三足。可以说,哲学已沦为科学的附庸,成为人文社科之下的一门学科。如书上所言,反而是科学引领哲学了,甚至说"哲学已死",只余"哲学评论家"了。而出现这种情况的原因就是:科学发展一骑绝尘,哲学仍在原地踟蹰,在一个封闭的小圈子里"百家争鸣"。比方说,高中政治书上背得烂熟的一句话:"物质决定意识要求我们一切从实际出发,实事求是。"方法论仍具有现实指导意义,但原理已经遭到很多量子物理学家的质疑。他们认为事件的观察者不能完全独立于事件之外来观察事件,换句话说,事件呈现的现象与观察者的状态(何时或何地以何种方式观察)有关。在这方面最有名的莫过于"薛定谔的猫"这一著名假说,这么说反而有点唯心了,而这种唯心主义形而上学貌似在中国不怎么受待见。再比如说,我在网上看到一篇文章,文章认为我们宇宙是四维宇宙的黑洞中的三维视界,理由主要是我们宇宙的史瓦西半径与用质量估算出来的宇宙史瓦西半径相差无几,也就是说,我们宇宙的密度可能与黑洞差不多。此外,霍金关于黑洞的一些理论和宇宙膨胀理论也在一定程度上支持这一假说。假设这一假说成立,那么貌似没有任何一个主流哲学派别能解释之。而事实上,哲学上"终极三问"的许多答案都是科研的副产物。似乎哲学的确已经大势已去,颓势难挽了。

另外,书末提出的要形成一个"中国式科学体系"的构想,我觉得很有意思,大部分分析入木三分,鞭辟入里,看完令我茅塞顿开,不过有一点点实难苟同,就是关于中国传统文化对科研制约的分析中的"循环而封闭的历史观"这一点。在我看来,循环的历史观才更有可能是正确的,因为历史貌似都是循环前进的,所以顾骏教授才有"拒绝登上历史列车的汉字,可能先于历史到达下一站"的发现。从时间方面来看,霍金在《时间简史》中提出了一个"虚时间"的概念,即一个用虚数表示的时间,虚时间无始无终,不像实时间一样有一个确定的时间箭头,而霍金在书中给出的虚时间模型中,宇宙会在虚时间内先膨胀再收缩,最终达到开端一样的终点,完成一个类似循环的周期。霍金认为虚时间的概念才可能更为基础,实时间可能只是臆想,而造成这种假象的原因我认为可能是熵增。再从科学发展对精确的要求的角度来看,中国古人动不动就是"山南山北雪晴,千里万里月明",极尽夸张臆想之能事,只注重主观印象,对精确几乎没什么要求;而西方科学自伽利略伊始越来越强调精确,现在圆周率已经能精确到小数点后几万亿位;但是在研究基本粒子时,精确反而成为最大的荒谬,海森堡测不准原理这条量子力学铁律就已经注定在微观世界中无所谓"精确"可言。那么从社会发展的角度来看呢,时下流行的共享经济——共享单车、共享汽车、拼车、拼单……这些与千年前中国传统农村里的"农具棚"之类的事物何其相似!甚至在以前的农村,连小孩都是"共享"的,几十个孩子有几十个妈。而且随着全球化的推进,世界愈来愈像一个"地球村",饱受诟病的"人肉搜索"反映出个人隐私空间狭小的现象,其实千年之前反而才是常态。人类进化到现在,依然爱管闲事,只是载体从村头王大妈、孙大娘变成了自媒体、互联网罢了。当然,我不是像百家争鸣时期的那些大哲们一样,认为古代才是中国的黄金时代,但是回溯历史的确有助于我们看清前方的路。"以史为鉴,可以知兴亡。"因此,或许"中国式科学体系"的建立可以向古代探寻灵感。虽然目前我只想出这一点,但是我会努力完善我的理论,并尽快将之应用于我的学习生活之中。

另一重喜悦,是该书通过许多教授的创新实例,阐明了"何为创新"以及"为何创新"。"为何创新"比较好说,无非是实现人生价值、为中华之崛起、造福全人类之类;"何为创新"才是对我最有用的,该书对创新的定义刷新了我的创新观。我一直以为一定要像卡文迪什或是孟德尔一样单打独斗终老于斯,把自己的生命献祭给科学,从黑暗中盗取火种送给人类,这样才叫搞科研,才算创新。而书上的实例显然更多:像罗均教授一样"把来自不同领域的很多元素,按照不同方式重新组合起来",就像拼积木;像金东寒院士一样别出心裁,抓住氦气的气体通性,转换思路,从另一个角度解决问题也是创新……此外,我觉得很好玩的就是许斌教授说的 Suzuki 反应,倒不是反应本身怎么样,而是研究此反应的过程令我大开眼界。可以推测,有无数化学家在 Suzuki 反应的基础上深入研究,从而得到更多新的结果,也就是说,如今创新的灵感可以是别人创新的成果,这又震惊了我:原来在别人的研究上再进一步也叫创新。

"当其欣于所遇,暂得于己,快然自足,不知老之将至。"我相信创新是有这样的魅力的,不过依然难以打消我心头"哀吾生之须臾,羡长江之无穷"的悲戚,面对无涯的学海,有涯之生显得如此渺小,不免令人扼腕;此外,看到这么多出类拔萃、与太阳肩并肩的优秀科学家,自惭形秽的心绪就像那绿油油的韭菜,一茬割完一茬长。不过这些都不算什么,真正给我造成一万点真实伤害的是另一种难以言表的沮丧,姑且称之为"我想到的别人都想到了",对于一个"为人性僻耽佳句,立志不走寻常路"的青年来说,这是一个多么残酷的现实啊!为了做出一点与别人不一样的东西,我看了许多书,死了许多脑细胞,可苦思冥想的结果却是别人思想的废料渣滓,当初取得一点成果的沾沾自喜荡然无存。于是这点东西便成了一个笑柄,敝帚自珍也无趣,示之于人更丢脸。因此我亟须找到自己真正想要的思想,自己生发出一个完整的思想体系。

都说"栽得梧桐树,引来金凤凰",一本小小的蓝皮书居然汇集了这么多大能巨擘,想必上海大学这棵梧桐树定然是枝繁叶茂、"霜皮溜雨四十围,黛色参天二千尺"吧!她有着不输清华北大的历史,当年号称"文有上大,武有黄埔",如今黄埔已然作古,上大愈发年轻,已经名列 QS 全球最年轻高校百强排行榜上第 51—60 名,咄,怪耶!不过在看完这本书后,我心中的一切疑问迎刃而解,校方鼓励创新,导师带头创新,学生奋力创新,原来你是这样的上大!难怪能够朝气蓬勃,永葆青春!

点评

读后感必须有所感,把自己直接感进所读的书里去,方为优秀之作。这篇文章虽然明显有经营的痕迹,但仍能一气呵成,虽然有情节设计,但不给人牵强之感,文气长,更不容易。在现有基础与未来学习之间,营造张力,寻求平衡,体现出较强的思维和表达能力。题目设计只顾吸引眼球,却了无新意,陷于流俗,冲淡了思想性,也产生不了愉悦感,效果适得其反了。

3 家国情怀与创新意识
——为新一轮全球化出一份力

⊙金政希(悉尼工商学院 国际经济与贸易)

在暑假空闲时和一些家人朋友对于国家、社会问题唇枪舌剑了几次后,再翻开这本书去细细阅读,发现各种共鸣或反省或点拨都出现在了我的脑海,平心而论,这本书对我来说是学习无疑,但更是一种与教授、与社会、与自己的深度交流。

看完这整本书之后,给我感受最深的不是科学家们种种的创新,而是这些研究、理论、科研成果背后折射出来的一点:科学家们的方法论。我对这点感受最深的原因就是,我一直爱与各种各样的人去辩论,看起来我和这些人都是站在不同的角度剖析这个国家、这个世界,但本质上我们只是把这些话题和争论作为消遣,用来展示、坚持甚至炫耀自己认为最为正确的世界观,然而,我们却根本没有自己的方法论啊!我们根本没有改造世界的武器,或者说,我们根本不愿思考我们能去做什么,该去做什么,不管是思想比较主旋律的,有民族情怀的,还是那些和这种思想相左的,大部分都只是思想偏向不同,但做法基本相同,就是管好自己的事就行了。从本质上讲,这两种人其实是一类人。

然而,这本书的教授们用文字和其对于科研工作的思考与钻研，让我对科学家这个耳熟能详但其实根本不了解的人群肃然起敬。毫无疑问，对于很多世界性课题，科学家们除了站在自己兴趣的角度外，还站在自己所在国家、自己所在民族的立场上来进行科创。只有这两个动力有机地结合，才能发挥出科技发展最重要的个体——科学家们的潜力和热情。"创新、想象、动脑、重视思想"的方法论必须以强烈的家国情怀作为支撑，因为每位科学家都是当之无愧的大工匠，其中工匠精神中少不了传承，而中国就需要大工匠们的创新来传承、复兴整个华夏文化。

反过来审视自己，我是否有这样的家国情怀和创新意识？我认为是有的。但重点是，它们是否真真正正地体现出来了？如果没有任何体现，所谓"有"也只是一纸空文罢了。作为一名以国际经济与贸易为专业的大学生，我又该关注什么，又该如何去做呢？

我认为，要把全球化这个大课题作为我们国贸学生重点关注的对象。

说起近现代世界的发展，就不得不提到全球化：从大航海时代的全球化，到日不落帝国和英镑的全球化，再到美国和美元的全球化，近现代世界每一次飞跃和进步，都与全球化息息相关；甚至一些世界性问题，全球化也多多少少是其中一些问题的原因和导火索。《新民周刊》2017年6月刊发文称"历史正走到一个十字路口，这个十字路口的路标依然是'全球化'"；2017年5月的G7峰会，针对全球化的问题几个传统大国的意见又出现了巨大分歧，形成了不同阵营；之前的英国脱欧、特朗普当选以及马克龙成为新任法国总统，这些全球大事的风起云涌都与全球化密不可分，由此足见全球化这一大课题的重要性。所以，对于学习国贸的学生，全球化更加无法脱离我们的视线。

那么如何把全球化与家国情怀和创新意识相结合呢？就像我刚才说的，家国情怀一定是极其重要的内在条件。这种情怀的存在会引领我们用眼睛去看自己的国家以及国际上的各类大事，用脑子去想经济、政治等问题之间错综复杂的联系。国际经济与贸易侧重点在经济上，但我们知道，几乎事事都与经济相关，想在国际经济的领域做得优秀,为全球化做出贡献,我们必须要做到眼观六路、耳听八方,拥有一个大视野和大格局。

聚焦中国,可以说如今的中国在国际舞台上已经相当耀眼。尤其是"一带一路"这一国家高层倡议,可以说是现今全球化的支柱之一。更有人说"一带一路"让中国主导了"全球化4.0"。中国按照普惠原则进行国际合作,以基础设施建设作为核心,这对中国乃至世界都是一个少有的机遇,我想这对我们这些刚步入校门的大学生来说也是一个机遇。"一带一路"是个创新,是个非常伟大的创新,将来国家一定需要大批人才去践行这个倡议,面对国际,这是我们的舞台,如果可以,我希望我能自学一门小语种。"一带一路"沿途的每个国家都有不同的特点、不同的需要,对于我们这个专业来说,科研创新我们可能涉及不多,但我认为,就像"一带一路"的倡议一样,创新不限领域,如果我们拥有全球化的视野,将来奔走于国与国之间,我们因地制宜地在不同国家带给他们所需要的思想或管理或科技等,这都是创新带给世界的价值,也是家国情怀的不同体现。

而在国内,供给侧改革等新的改革也不断上线。这次在暑假和一位体制内的长辈交流,他告诉了我"军民融合"这一战略,以及这个战略在我的家乡实施的情况。看到书中顾骏教授"优势与短板,科技创新中国家的自觉"这一小节,更扩充了我对这一战略的理解。令我高兴的是,这位长辈告诉我不管这一战略实施的效果如何,她感受到了上层领导对于这一战略的重视程度以及想要做好事情的态度,这就像书里说的,国家实实在在地扶持科技创新。这一点非常重要,就像马云日前在西商大会的演讲中说的,他非常感谢当时杭州市政府对阿里巴巴的扶持,这是阿里巴巴成功的重要因素;甚至连促成阿里巴巴集团与西安签订战略合作协议的重要因素之一,也是马云看到了西安市这一套领导班子的全力以赴。所以,面对全球化,国家自我的改革和对科创、个人、企业的支持非常重要。有了稳定而有利的国家环境,关键点又回到了个人。那位长辈和我说,虽然国家有政策,有拨款,但战略的施行仍有很大困难,症结在于没有真正优秀的项目,缺少真正目光长远、有家国情怀的企业。就像顾骏教授所说，创新是个有巨大风险的过程，收益也是长线的，所以缺乏有创新热情和觉悟的个体是阻碍国家创新的一大问题。这样的情况正督促着我们新一代大学生有目标地、有计划地、有充分考虑地创新，所以无论是在生活还是学习中，我认为我们要多关注各个领域的变化，看到国家之需，然后有的放矢地发挥我们的智慧，增强中国在全球化中的核心竞争力，绝不忽视我们个体的力量，这不仅是全球化大视野必备的，也是家国情怀和创新意识的有机结合。

　　再把眼光放在国际，不可否认，在创新意识上，许多西方国家起步比我们早，与我们相比也确实有值得学习的地方。所以我认为上大给我们这个专业配备的资源非常优厚，与澳大利亚优秀院校的合作已有很长的时间基础，核心课程全英文教学以及各种各样的交流机会都是我相当向往的，我很希望在我的大学生活里，把英语学成能真真正正交流、接触和学习先进知识的工具，而不只是应付肤浅的考试。我在高中曾有短暂的交流经历，在一个不同的文化区生活真的让我觉得有极大的收获，所以我还想争取去先进国家交流的机会，能让我直接接受和学习到国外的长处。对我个人而言，我觉得我科技创新的能力并不强，但我看到悉商几门核心课程之后，我知道我也可以创新，就比如在"跨文化管理"这门课程中，我能发挥自己善于沟通、适应能力强的特点，发现甚至创新出不同文化差异间如何最优使用管理这一联结性的生产要素的方法，然后在不同文化中游走，为全球化献出我的一份力。

　　总而言之，家国情怀驱使我们用大视野去关注国内和国外（甚至地球之外），这样我们看到的、接触到的信息又会让我们意识到创新的重要性，而创新又给予我们能力去改造社会、改造世界，这不仅仅只反哺到了我们自己的国家和民族，更可能造福整个人类群体，因为在全球化的时代，人与人之间的联系已经空前的密切了。而现在，我们就是要向着如这些上大教授一样的大工匠和社会标杆去潜心学习，认识并发挥出我们自身最大的价值。"海阔凭鱼跃，天高任鸟飞。"只要我们开始去做，世界就是我们的舞台。

点评

　　一位以管理为未来学习方向的学生,对一本以科技创新为主题的书籍,自然会生出隔膜之感,但这层隔膜似乎没有阻碍你对此书宗旨的把握。毕竟,"创新路上大工匠"这个名称已足够清晰地表明,创新才是真正的主题,工匠只是创新的具体化、人格化,所以能从"方法论"这个对许多大学生来说颇感生疏的概念入手,谈自己的体会,而且谈得都在分寸内,十分难得。方法论的核心价值是提醒个人对自己所思所想所言所为,从起点到过程作步步论证,否则自己的思想方法是否合理都不知道,创新又从哪里开始?"盲人骑瞎马,夜半临深池",还想"瞎猫碰上死耗子",中一个创新大运,确实难乎其难。

4 工匠精神与创新魂

⊙施蕙雯(社区学院 理工大类)

近来,"工匠精神"成为人们津津乐道的话题,这种以极致的态度对自己的产品精雕细琢、精益求精、追求更完美的精神理念正受到越来越多的关注与呼唤,甚至有领导人将这种精神誉为"中国梦的一环"。但在其逐渐成为热词的背后,我们不难发现人们更多地将"工匠精神"与"技术"或是"手艺"联系起来——削面功力炉火纯青的老师傅、刺绣成品华美绝伦的绣娘都被赞誉为工匠。技术和手艺固然重要,但"工匠精神"绝不仅局限于此,它最重要的内涵也不只是"传承"。

倘若仅仅关注技艺层面,远比人类高效和准确的机器人也能被称为工匠。事实上,工匠精神的核心也正是人类与机器的最大差别——创新。创新是历史进步的动力、时代发展的关键,更是工匠精神之所以能够长青不朽的根本原因。

对于企业来说,创新能够提高生产效率,降低生产成本;对于国家来说,创新能够使科技与生产力进步,提高国家的综合实力;而对于个人,尤其对于我们大学生群体来说,更是一种必备的素质,它是使我们在未来的学习、工作、生活中不断发现问题、探索奥秘、开阔视野的原动力。

在此我不过多讨论创新的意义了,因为其重要性显而易见,我要着重论述的是通过阅读《创新路上大工匠》中所领悟到的创新内涵。

首先,创新就是不满足,对已有的成果永远怀抱着疑问。即使已经达到目标,也时时刻刻不忘思考诸如能否换用具有类似性质的常见材料来普及产品,能否改善产品外观以达到审美价值这样的问题。或者更进一步,将目前的成果视为更远大目标的 step one(第一步)。帕斯卡尔说思考是人类的全部尊严所在,而我认为由思考引出的怀疑是全人类进步的阶梯,而这点想必也是许多上大工匠们的共识。比如计算机工程与科学学院的院长郭毅可教授,目前他正在做有关"如何让机器人更像人"的研究。在他的眼里,让机器人模拟人的思维过程是一种挑战和乐趣,但这又何尝不是一种可贵的创新呢?不满足当今世界"高效""准确"的机器人,甚至反其道而行之转而追求不那么"高效""准确"的人工智能,并通过这种方式揭开人类记忆机理的朦胧面纱。这份"不满足"能带领机器人走到怎样类人的地步呢?或许现在还不知道,但郭教授让我看到了一个不一样的未来的冰山一角。

其次,创新需要无止境的好奇心,如果说不知足是雨露润泽,那么好奇心与求知欲就是创新之树的肥料。科学家们之所以能够探明自然规律是因为他们对自然好奇,他们有探索的欲望,而不是将一切不可解释归因到"神明"身上。爱迪生发明电灯泡,贝尔制造新型炸药,居里夫人发现镭,人类好奇的本能集中在这些科学家的头脑中,他们不放过那一闪而过的缥缈思绪。当别人在海滩上捡到一块贝壳,或许只是欣赏它漂亮的花纹,至多把它做成一枚精美的工艺品,他们却要研究一下这贝壳是怎样生、怎样长、怎样被冲到海滩上来的,摸瓜寻藤、摘叶问根是他们观察世界的独特视角,也是属于科学家们的魅力与人格。正如梁衡所说,有的人止于勇,只呈其力;有的人止于心,而有其技。而能将好奇心化为探索世界的力量的人,才称得上达于理,而用其智吧,他们才是站在智慧高地上,自由驾驭规律的人。

好奇心可以驱动创新魂,可如何让其进入正确的轨道,而非天马行空地白日做梦呢?我很同意书中一位年轻工程师的话:创新不能空来空去，没有一个实实在在的东西让人看得见，创新者就没有存在感。而这种实在的东西据我理解就是理论基础，就是知识。上大材料基因课题组在研究如何保护敦煌壁画的过程中，交叉使用灯丝加热、接进水汽的方法，较精准地再现了自然界中历经数百年才能完成的结晶和溶解，在摸清楚壁画被盐结晶溶解的破坏原理之后，将规律性的东西作为理论基础设计出了具有针对性的保护方案。虽然再现过程并没有涉及创意，但正是从中获取的知识为进一步创新创造了条件。灵感永远只青睐有准备的人，对于我来说，在未来的学习中最重要的便是学好每一门基础课和专业课，完成基本素质的培养，就像给炸药包装上了引线，时时刻刻都能爆发灵感。

最重要的一点，创新意味着"突破"，而这包含两层意义：

第一，摆脱固有经验的束缚，不故步自封，因循守旧，是为"突破"。以最近同样引起不少关注的"中华老字号"为例，这些拥有丰厚历史文化积淀、一度成为人们美好记忆的老品牌之所以走向末路，其原因便是固守传统模式，不改进配方，不加大宣传，仍旧以老祖宗留下来的老本为傲。试问：在日新月异的现代社会，又怎么会不被时代潮流淘汰、被历史车轮碾碎呢？相反，我校生命科学学院的研究成果就很好地诠释了"突破"：长久以来，心脏学教科书中有一个根深蒂固的观念，即成熟的心肌细胞属于终末端分化的细胞，不具有增殖能力。但上大的"心脏工程师"却没有被这一几乎被视为铁律的观念牵绊前进的步伐，他们大胆假设，小心求证，最终发现了运动能诱导心肌细胞增殖，还发现了起诱导作用的分子。诚然，我们应该努力成为站在巨人肩膀上的人，而非被巨人所支配、被权威所控制思想的人啊！

第二，摆脱领域束缚，不固守传统领域，亦是"突破"。上大机电工程与自动化学院一直以机器人研发为强项，但他们的眼光却更加深远，将目光投向了船舶制作，他们所研发的无人艇获得了许多个中国甚至是世界第一。人的力量和精力固然是有限的，也不可能要求一个人博通古今，无所不知。我们都是普通人，都一样会有擅长和不擅长。但是突破专业知识的桎梏，慢慢做到触类旁通，增加知识的广度和不断追求知识的深度是同样重要的,而这也必将渗透进我未来四年的学习中。

"创新而不只是守成,想象而不只是经验,动脑而不只是动手,思想而不只是技能。"这才是真正的工匠精神,才是能够实现中国梦的创新魂。

点评

看似发散,其实紧紧扣住一点,那就是何谓创新,创新何为。阅读过程中提取的所有材料,其价值就在为我所用:能激发我思考,让我有所发现的,才应该进入读后感。如此成熟的心态和策略,是这篇文章的最大特点,也是最大优点。阅读不但是我在读,而且是我在读自己,只不过借助了别人的文字而已。

5 创新,小事成就大目标

⊙丁志文(社区学院 人文大类)

不久之前,我在焦急的等待中领取到了上海大学的录取通知书,打开信封,发现其中的书,不由惊喜,读毕,深有体会,即有了以下的想法。

从书中,我深刻地感受到了对于一名科学家,创新是十分来之不易的,从一开始的萌生想法,到把这个想法逐渐与现实相结合,并且能够有效地应用于现实,到最后完全实现创新的目的,这个过程可谓是相当的漫长,往往需要几十年、几代人的努力。但是我在阅读每一个案例中,都深刻地意识到了,虽然所有的创新到最后总是伟大的,令人羡慕的,但是几乎每一个创新,从想法到研制,最终到应用于社会,都需要从最基层、最简单的内容开始,所以我认为,一名大国的工匠,必须具备对于小事、细节的洞察力!与此同时,一个国家的各项政策引导也在这其中起了重要作用!

从制造到智造,我们并未骄傲

首先在书的开篇部分提到,一个国家的崛起和发达,与该国的大工匠有着密不可分的联系,他们决定着国家的百年国运。正因如此,我国也在不断地汲取外国的先进科学技术,先从最基本的学习,再学习,从学习西方的事物开始,正在慢慢地转向创新,再创新。就从我国的军事工业来说,在新中国刚成立时,我国的国防设备基本靠买,到了 20 世纪 50 年代末到 80 年代前后,我国开始仿制国外武器并且稍加改进,到了现在,我国已经基本实现了国防工业的自主化,尤其是朱日和阅兵给了我相当大的震撼,其中展示的各种尖端装备大部分都完全由我国自主开发、设计并且建造,从当年的学徒变成了师傅,由此可以看出我国在近些年来的发展。同时,我国也依然秉持科创的理念,积极出台政策来资助我国科技创新人员的起步,帮助每一个具有创新精神的人实现他们的目标。但是我国依然存在一些短板,就是在市场与资金的压力下,用冷冰冰的指标来对待那些有创新梦想的人,因此也会扼杀不少好的灵感,对于这种现象,上海大学顾骏教授所提出的支持科创制度化,从而调动人民群众的积极性使我十分受到启发,如果从制度上来规划,不需要国家投入太多,每个人都会像平时生活中的习惯一样去创新,与此同时,再留下那些已经完成重大科研成果的研究员作为"母鸡",定能使我国创新的速度大跨步地发展。另外对于标准问题,几乎每一位教授都提出了"快乐创新",让创新者愉悦地去创新,不受压力,从而激发创新者的灵感,制造出更好的产品。对此我也深有感受,这就和我们去研究数学问题一样,如果我们不是在考试的压力下去完成,往往会有数十种解法去完成它,但是一进入考试的压力环境中,我们就会不由自主地按照平时训练的标准方向去解决问题,最后的解法也会寥寥无几,因此我们的确应该为创新者提供一个相对宽松的环境来使他们有更好的创新动力!

创新,从微小开始

经常听到,有人认为所谓创新就一定是高大上的科研项目,科学研究者都好像一直待在研究室里,然后创新就成功了。而从本书来看,就完全不是如此。我校的几位创新工匠所创新的事物,无论是无人艇、人工心脏,还是药物、云技术,或是纳米科技都是如此。例如无人艇,我校的创新工匠们为了解决船在实际航行中遇到的各种难题,亲自去考察研究,往往要深入艰苦的环境获得一线的数据,也就是这些准确的数据为无人艇成功超越有人艇打下了深厚的基础。中国的材料科学技术,也是从最初的一些小小的发现,经过创新者的打造,才能够最终在世界上获得一席之地。作为新时代的大工匠,我认为必须具备手艺人的精神,从低层次开始,从最基本的开始,踏实地完成创新过程中的每一个细节。创新的开始,本身也是从生活中对于细节的观察而来,正是因为这些细节和需要才引发了创新。所以创新,一定是从微小而来,经过打磨,向伟大而去!

不骄傲,不气馁

本书几乎所有的内容都提到了该项技术在中国所处的位置,中国有什么,世界又是怎么样的,中国该怎么做。这体现了我校对中国科技发展的关心。首先,中国是一个文明古国,有着深厚的创新传统,无论是中国古代的四大发明,还是其他的工程建设,有些甚至令我们现代人惊奇!这表示着中国不缺乏创新的智慧,中国文化本身也有一种学习精神和突破精神,为我们提供了充足的动力。所以我们面对国外对于某些技术的领先或者垄断,应该有充足的信心去突破它,追上甚至赶超。与此同时,我们也不能因为自己的成就而过度的兴奋,中国大部分科技创新还停留于中游,需要别的国家来带着我们,还缺乏一种探索未知领域的能力,对此我们要保持创新的冲击力,不停歇,不骄傲,才能真正做到世界领先。同时还需要打破我们自古以来安守一方的态度,不因为暂时的领先或者超前于世界就安稳于现状,即使没人追赶,我们也要前进,这样才能使我们的科技领先得到稳固,在世界创新领域获得先机!

我该怎么做?

读完此书,我认为其将对我未来四年的学习生活产生积极影响。它让我重新整体理解了创新这个概念,让我意识到了该怎么做才能做到自己的最好。虽然学习的是文科,但我认为,创新的精神还是需要时刻保持在头脑之中的,在任何学科当中,都有一些陈旧的领域等待着我们去创新,以供给新鲜的血液。我要做的,首先是认真地完成接下来四年中的学业,因为这是一切的基础,此外要乐于关注身边一切的微小事物,关注现实社会的需要,敢于接触基层,以获得创新的源泉和力量,不完全拘泥于获取书本的内容。同时,虚心接受一切的建议,这些一定能为我的发展提供莫大的帮助,并且时刻关注国家的科技创新发展,跟上时代的步伐。通过自己的努力为上海到2040年建成"卓越的全球城市"贡献自己的力量!

点评

始终站在国家的高度看待创新,是这篇文章的鲜明特色。读后感可以聚焦于书本的某个局部,谈深谈透,进得去,出得来,也可以通观全书,高屋建瓴,达到整体把握。科学家、工程师不但靠兴趣自我驱动,也有担当,为国家强大和民族复兴,恪尽职守。能同时看到两者并找到两者之间的良性互动,体现了当代大学生的立意和视野,可贵;深刻体认创新必须从小事和细节做起,很好。但文章忘记起题目,只给了一个"综述",有点过于"不拘小节"了,如何克服言和行的不相一致,应是今后的努力方向。姑且送你一个题目:"创新,小事成就大目标",如何?文字瑕疵太多,给你改得好辛苦,文科类学生太不应该。

6 创新的关键——设计思维

⊙朱烨晨（数码艺术学院 数字媒体艺术）

纵观人类社会的发展史，实际上就是一个创新的过程，创新的历史。从石器时代到信息时代、从原始社会到工业社会，在人类数百万年的社会发展过程中，创新起到了极其重要的作用。新的科学理论、新的发明、新的技术、新的工程、新的材料、新的思想、新的文化、新的制度，等等，层出不穷，渐次递进，推动了人类社会向前发展。因此，创新仍然是当代的主旋律，仍然在社会发展和人类进步中发挥着重要作用。

人类改变世界是通过技术科学和工程科学来实现的。首先是生产工具方面的创新。中国一万年前是石器时代，把石头打磨成劳动工具；然后进入青铜器时代，进行青铜的冶炼、制造。中国的青铜器制造在世界同一个时代是最强的。青铜器时代过了是铁器时代，铁比青铜更坚硬。后来是蒸汽时代、电器时代，然后到今天的信息时代，发展就更快了。以前是几千年一个时段，现在是十来年就是一个时段，一个技术创新可以带来很快的时代进步。1946年，美国出现了第一台计算机，把人类社会大大地推进了一步。20世纪90年代互联网的出现，代表了全世界"地球村"时代的来临。过去大家对另外一个国家感觉很遥远，现在大家随时可以跟全世界的人通话,信息交流非常方便。技术创新使生产力和人类生活进步很快。

上海大学十位卓有成就的教授和研究员,具有责任心、耐心、好奇心。他们懂理论、有技术、能思想、会管理。他们既不是传统意义上只会精工细作的匠人,也不是历史上只会坐而论道的书生,不是专为解决细节问题而生的"程序员",也不是有所发现但只为完成KPI的"教书匠",而是将眼光瞄向未来,能把对世界的想象变成现实世界的大工匠!

因为创新是大脑的智慧活动,要实现创新需要许多精力和时间,甚至要经受许多艰难和曲折,所以他们做事负责任,自始至终坚持,一丝不苟,为国家和民族的事业着想。

没有耐心的人,今天想到一个问题,提出新的设想,明天可能就把它丢掉了,那是做不下去的。他们会坚持,有恒心。创新的概念在提出的时候往往是大家都不支持的,甚至受到挖苦、打击,很多困难使你做不下去,因为你的创新大家都没认识到。很多人都不认识的时候,你提出来,有的人会说你这个人骄傲、异想天开。所以,科学家们要进行创新,一定要有忍耐的精神,没有忍耐的精神是做不出创新的。

作为一个科学家,作为一个要有创新思想的人,好奇心很重要,必须要对事物好奇,要有兴趣。一个人对生活没有兴趣,根本就不可能提出各种问题:生活中的问题、工作中的问题、国家的问题、世界的问题。

我同样认为助推中国整体国力大跃升的工匠和工匠精神,必须有高立意、大境界,必须跨越单纯经济学视野,而聚焦于中国在人类文明和世界历史中的长远定位。中国制造与全球市场早已形成"中国买什么,什么就贵;中国卖什么,什么就便宜"的尴尬关系。新时代呼唤的工匠和工匠精神必须服从于从根本上改变刻写在苹果手机背后的"美国设计,中国组装"的局面,创新而不只是守成,想象而不只是经验,动脑而不只是动手,思想而不只是技能,才是中国当下乃至未来需要的大工匠。这样我们才能像美国一样,运筹于帷幄之中,决胜于千里之外。

　　匠人型的思路是无法实现突破性进展的,只有"创新型"才可以。以医生为例,前者更像是当一个病人说头疼便只给开头疼药的医生;与之相对,后一种医生不会立即下结论,而是会把患者描述的头疼理解为"总觉得哪里不舒服",然后再综合展开治疗方案,并向患者提出预防性的建议。"创新型"思考始于对习惯的否定,虽然可能完全否定之前的东西,但这绝对不是什么坏事。对于创新型的人来说,重要的就是能否以积极的姿态,去质疑现状和之前的过程以及以往经验。

　　为 Master 配程序的工程师只有围棋六段水平,却设计出了能打败人类的机器。胜利完全属于机器人超出计算程序和线性逻辑的"深度学习能力"。由此可见科技创新的重要性。

　　科技创新是引领经济新常态的"第一动力"。习近平主席指出,创新的制高点在科技,科技创新的希望在青年。李克强总理在政法工作报告中提出"大众创业、万众创新"。科技创新在人类的发展历史中的确起着不可估量的作用。因此,我们大学生应该培养创新意识、创造能力和创业精神。国家需要我们的科技创新能力,这样,国家才能拥有强大的国力和旺盛的生命力,在未来的发展中立于不败之地。

　　在大学四年中,我会充分发挥自己的主体性,通过对科技文化知识的学习、运用和创造,提升自己的科技创新意识,并且积极参加学校组织的各类科技创新活动。我会牢牢掌握相关的基础知识、专业知识、工具性知识或方法论知识以及综合性知识。

　　作为一名艺术设计专业的学生,我会不断拓宽我的思维。

　　人类通过一呼一吸的循环来延续生命,通过进食和排泄维持体内营养均衡,同理,不难想象,在一个什么也没有的地方是不可能平白无故地冒出灵感来的。先要有输入,才能有输出。有了输入之后,通过不断地向外输出,我们的大脑才能得以拥有更多的空间来储放新输入的东西。所以,我不会执着于如何得到一个独立的创意,而是思考如何让这些新旧事物在我们的大脑中形成良好的循环。

　　每个人的大脑中,都存放了很多事物,设计师要做的,就是找出这些东西，将其加入设计之中，让人们在使用的过程中有一种似曾相识的体验。越用心，就越可能想出精彩的点子。

在生活中，我会通过"点"变成"线"的游戏，训练"周边视觉"。简单来说，这个方法就是无论看到什么，都要在第一时间将它和另外一个事物连在一起观察。养成无论看到什么，都会不自觉地想，"那个物体好像这个东西啊"的习惯。在不断重复这个方法的过程中，我不仅可以在不知不觉中掌握对象物体周围的情况和信息，也可能将一些相似的事物连接之后激发出新的灵感。我会每天在空闲时间抱着游戏的心态进行着这样的练习。

我会积极培养"创新型素质"，首先从努力"减少变化"开始。虽然人们习惯认为，新鲜的环境有助于激发灵感，但我并不这么认为。我习惯重复同一件事情，我会在同一个餐厅吃饭，点同一个菜，在同一个地方散步。日常的行程也保持一定的规律，尽量减少变化。我认为，所谓变化，其实往往是压力产生的根源。我觉得，保持不变的节奏、步调，反复做同样的事情，这能让我们在关键时刻爆发出惊人的能量。对于肌肉来说，紧张和松弛的幅度越大，能爆发的力量就越大，设计也一样。

我会尝试用反转"图"与"地"的方法，打磨创意。比如，为了让一张白色的椅子变得更白，我们一般会想到将它表面的污迹清理干净，或者寻找更白的涂料重新涂一遍，但是这些方法都是有所局限的。这时，我们应该换个角度思考："把放置椅子的房间变得黑一点不就可以了吗？"如果将两者之间的关系反过来看，也可能让很多看似疑难的问题迎刃而解。

我还会学着利用零碎的笔记，让灵感产生化学反应。我喜欢用小一点的纸张记笔记，一旦面对的是一张大纸，我就恨不得一口气把它写满，总感觉必须要想出很多的点子才行，这样焦虑着，往往到最后什么也写不了。一张纸就是一个小小的灵感，每天这样把它们紧凑地写在纸张上，然后装入透明的文件袋里，几天后拿出来依次看一遍，如果其中某些纸上记下的看着没有什么感觉了，就一张一张地扔掉。

对于生活中的平凡小事，我会试着抱着强烈的好奇心从各个角度发散思考，这对我们学设计的人来说是一个不可或缺的好习惯。比如看到一个产品时，我会思考，这是哪个设计师抱着怎样的心态设计出的产品呢？它反映了怎么样的时代感？虽然我知道这种方法不会立竿见影，但"不积跬步，无以至千里"，只要一直坚持细小的思考练习，我相信总有一天会想出精妙绝伦的创意。

我会尝试经常把一件事物看成完全不同的另一件事物。比如看到钢笔，我会想："这不是一支钢笔，这是一个鼠标。"然后接着思考："像钢笔一样的鼠标究竟是怎么样的？""为什么它能变成一个鼠标？"这样一层一层地发散开来，新的灵感自然而然就会慢慢浮现。但如果我看到钢笔，我一定不会说"这不是一支钢笔，是铅笔"。因为我要做的是尽可能最大限度地"背离"，只有这样，将完全风马牛不相及的两种事物放在一起思考，才是最有效的。

哲学家们只是用不同的方式解释世界，而问题在于改变世界。我认为我们应该用设计解决问题。中国必须具有自己能做方向性判断的人乃至大师。我希望哪一天我能成为"中国设计之父"，向国际社会描绘一个类似于互联网虚拟世界那样凭空设想、从天而降的人类全新存在方式！

点评

书看得很仔细，摘录的不少是确有价值之论，包括关于创新对于中国的特殊意义等。但作为艺术类学生，要完全梳理清楚科学家、工程师在搞些什么，里面有哪些外人看不懂的门道，确实不容易，不如转而讲自己未来打算如何提高创新意识，培养创新能力，不失为一条充满想象的写作捷径。在所有征文中，无论就聚焦于"我创新"的程度，还是用于"我创新"的篇幅，数你最多了。不同于众人，本是创新的外部特征，这篇文章也能算一个例子。

7 创新：上大给我上的第一堂课

⊙黄宇（社区学院 理工大类）

当我去拿大学录取通知书的时候，发放通知书的老师拿出我的包裹，用手掂了掂，沉甸甸的，还笑着打趣我说："快拆开看看，里面是有金子吗？这么重！"我满怀期待地打开，发现有一本书《创新路上大工匠》。我平时就是爱书之人，所以收到一本书对我而言是再好不过的新生礼物。能不远万里寄来一本沉甸甸的书，并且寄给每一个即将进入上大的学生，我心里对上大是佩服的。它在我心中仿佛是连接我和上大的桥梁，我只有走过这座桥，领略其中风景，并成为风景中的一员，才能真正成为上大的学生。

科技创新并不是简简单单的一句口号，而是多少科学家呕心沥血、倾其一生奋斗着的事业。打开这本书，细细聆听着上大人眼中、手中的创新。它告诉我：这样的事业上大一直在做着，这样为创新奋斗着的人上大一直培养着，而我也将成为其中的一分子。

创新可以是偶然的，但一定需要发现、思考、解决以及完善的过程。就比如上大的无人艇，不是有意而为却是水到渠成。上大重点开发无人艇缘起于上海世博会期间对黄浦江进行江底扫测的科研项目。如何既保证河道安全又不影响江上经济往来？由此上大研制出有人驾驶的扫测艇。扫测艇的成功引起了上海海事局的注意。接着又思考着如何研制出既能精确测绘数据又能稳定航行的无人艇,经过一系列的发明和创新,上大的无人艇才得以问世。我发现任何的创新都需要一定的过程,但是大同小异,都是发现问题、思考问题,然后解决问题并不断完善的过程。在这样的过程中必不可少的是科学家善于捕捉问题的双眼,能够敏锐地从大多数人司空见惯的事物或者不被在意的小细节中发现问题,并且不断思考如何解决问题,得出最佳方案,这样才使得创新水到渠成。牛顿能从苹果落地这件人们习以为常的事中获得启迪,便是因为他敏锐的眼睛和会思考的大脑。任何我们看起来偶然的创新其实都不是偶然的。

创新可以是好玩的,但一定需要有对新奇的渴望和永不消散的热情。郭毅可教授写道:"创新就是好玩。"我想创新怎么能好玩起来?我想应该许多人和我一样认为科学家创新的过程是艰辛、枯燥和漫长的,要经过无数次的失败才有可能获得那渺茫的成功机会,能不能获得成功也是不得而知的。那到底是什么让他们坚持做下去呢?他让我知道真正的科学家不仅是耐得住寂寞、扛得住压力,还能自我娱乐。他们不是功利的,但又需要获得好奇心的满足和自我价值的实现。他们不是为创新而创新,反而是为了好玩而创新,在创新中好玩,而这才是创新的真正境界。

创新可以是天马行空的,但一定需要基础与实践、独立与合作并重。基础与实践、独立与合作丢一不可。就基础与实践而言,创新可以形象地比喻为"戴着镣铐跳舞"。这里的"镣铐"就是指基础知识,而"跳舞"就是指实践,只有在有一定知识基础的前提下创新的东西才不是荒谬的。"纸上得来终觉浅,绝知此事要躬行。"有一定知识基础,没有实践也不行。书中有这样一句话让我印象深刻:"创新往往不是想到,而是在实践中碰到或者偶遇。"我们知道科学家都要不断地实验,从实验的失败中汲取教训,再不断地加以完善最终实现创新。就独立与合作而言,创新需要个人的独立思考,在良性竞争中突破自我,实现自我价值,也需要在合作交流中知识的交叉、思维的碰撞。很多创新都是多学科交叉的,需要将各个领域的人集结起来互相磨合、取长补短,在合作中实现创新。

以上是我结合书中所说与自我思考后对创新的真实感受。我了解到上大对创新的重视与对创新人才的鼓励,也了解到上大许多优秀的老师在创新路上为学生指引方向,他们营造活跃的上课氛围,与学生相互讨论,共同研究,共同创新。众所周知,科技创新是第一生产力。只有科技领先,国家才是真的强大。这意味着国家需要更多的青年投入科技创新的事业中去,为国家注入新鲜血液。

我作为一名即将步入上大的新生,更应该向上大的优秀老师和学长们看齐,保持对专业的热情,在学好专业知识的同时全面发展,提高自己在创新方面的能力,不断地突破自我,成为更好的自己。我相信在上大这样自由活跃的学习氛围感染下,我的潜力无限,希望我能成为上大甚至国家创新路上的一分子。

点评

有一个非常漂亮的开头,能把一生中不多的瞬间固定下来已属不易,能把其中有趣的部分凸显出来,更说明作者是一个有趣之人。因为好玩,所以会把认为创新枯燥的观念,归之于别人的说法,其实自己以前未必不是同样的想法。如果是这本书改变了你,阅读就值了。创新需要"基础知识与实践",完全正确,但被人重复了太多次,属于"正确的废话",就没有再加阐述的必要。把创新比喻为"带着镣铐跳舞",不算太出格,但把镣铐归结为基础知识,显然带有鲜明的高中生风格。真正的镣铐并非来自知识,而是来自自然、来自文化。离开中学,不只是离开一个地方,而是离开一套概念系统。大学之大,在于学生视野之大。

8 创新之我见

⊙李尧（社区学院 理工大类）

时下，"创新"一词已成时代旋律中的一记强音，"互联网＋"的概念刚刚炒热，"大数据"又横空出世。各种概念纷至沓来，让人在兴奋之余又有些忧虑：这些创新往往基于概念而鲜见实物，莫非只是镜中花、水中月？

通读《创新路上大工匠》一书，我终获答案：我们需要颠覆许多传统的创新观念。郭毅可教授在《大数据需要大思想》一文中关于信息化"三不朽"的论述颇值得思量，令人忧乐交集。何为乐？每个人的基因都是独特的，都可以用基因编码来表示。由此，当我们将这段基因给予实物时，不论是虫鱼鸟兽还是花草树木，这段基因所代表的人便获得了新的存在。这样不断地转换实体，"永存"可期，"不朽"可望，人人皆可历百代而留存。何为忧？倘若这种创新的观念被普罗大众所接受，那么"坟墓"的概念终会消失。于是，形制典雅的骨灰坛不存；于是，严肃庄重的入殓师不在；于是，流传千年的殡葬文化不留……细思恐极，这是何等的冲击，何等的颠覆！事物总有两面，对立而统一，创新也是如此。一个新概念的提出势必会对旧的概念带来冲击，固守传统观念近于负隅顽抗，终会被淘汰，而若是一味地鼓吹新观念，不考虑实际，反倒会激起更大的矛盾，阻碍新事物的发展。如何在这样的矛盾中把握平衡，实现统一，这考验着我们的智慧。何以解忧？唯有创新。只有用新的方法才能解决新的问题。

行文至此，方悟上大之创新精神在一"先"字。"先天下之忧而忧，后天下之乐而乐。"因为敢为人先，钱老率先"拆四堵墙"，将学校与社会、教学与科研、各个学科之间的界限打通；因为敢为人先，钱老率先变学时制为学分制，变两学期为三学期，变必修课制为选课制……凡此种种，不一而足。钱老曾言："我主张探索新问题，要有所发现，有所创新，发现和创新是科学发展的根本动力。"上大新建不过二十余载，却欣欣向荣，蜚声海外，就是教育创新的成果。因为教育创新，所以能实行创新教育。因为实行创新教育，所以能培养创新人才。涓涓不壅，不断为国家建设提供人才。在如今的知识经济时代，国家与国家的竞争越来越取决于人才，取决于有创新素质的人才。然而，不可否认的是，国内高校与国外高校在培养学生创新能力上的差距有被拉大的趋势。因此，上大的创新精神更显宝贵。面对他国的产品垄断、技术封锁，只有"自强不息"，不放弃超越的希望，以不息为体，以日新为道，在教育上不断创新，才能让上大屹立于世界杏坛之林，带动国家的发展。

反思己身，创新之路崎岖而漫长。首先，是创新思维浅薄的问题。学子十余载寒窗苦读，疲于应试，重题目而轻原理，重结果而轻过程，思维僵化，难以创新。其次，是创新能力匮乏的问题。学生习惯于"范式"，习惯于"套路"，不敢有稍微"出格"之举，循循唯谨，实践能力孱弱。上大的使命是培养有创新能力的栋梁之材，由此解决之道豁然开朗。第一，个人要全面发展。创新的最高境界是自我的实现，不是墨守成规，不是人云亦云。我要在通识课中主动地挖掘自己的潜力与兴趣，在学习生活中实现身与心、德与智的全面发展。第二，要加强处理"问题"的能力。具体包括分析问题与解决问题的能力。要通过分析问题产生的过程，提出解决的方法，从而获得知识，在生活实践中运用。第三，要加强系统化的能力。钱老曾言："我一辈子在学。不要把专业强调得太厉害,我改过不知多少专业。"通过不断地系统化,可以拓宽自己的知识范围,建立自己的知识体系。"温故而知新",从"已知"向"未知"前进,在专业之外再立建树。最后,可谓是老生常谈的了。"师傅领进门,修行在个人",自学对大学生的重要性无须多言。无论是大学求学中,日常生活中,还是日后工作,知识的更新速度对提高自己有大影响。所以,运用自己的方法独立地获取知识,并且运用在现实中,这样才能成为一个真正的、国家需要的创新人才。

肇自国共之合,上大几多坎坷,再始世纪之交,上大勃勃向荣,愿吾辈学子,以创新之魂,秉自强之志,忧先于国,乐后于民,续上大辉煌!

点评

忧思是创新者的基本素质之一,一味乐观容易导致对创新的双刃剑效应失去应有警惕。但同科技创新需要理论依据一样,对创新的忧思也必须在学理上讲得过去,这一点在同人有关的学科里尤须注意,否则容易陷入杞人忧天甚至无病呻吟的窘境。这篇文章的独特之处在于对"我的上大"这一主题作了充分展开。对创新的认识越深刻,对学校的要求自然越明确,而了解学校越多,则对自己未来的规划就越具有可行性。题目设计偷懒了,不像特立独行的人所为。

俱怀逸兴壮思飞，欲上青天揽明月
——读《创新路上大工匠》有感

⊙于笑寒（数码艺术学院 数字媒体）

2017年，有幸考取上海大学。读完随录取通知书一起快递来的《创新路上大工匠》，浮想联翩，有种感觉用李白的诗来形容，那就是"俱怀逸兴壮思飞，欲上青天揽明月"。创新原来距离我们并不遥远。

导师们的文章，浅显易懂地向我们解释了各领域创新的过程，让我对创新有了新的认识。

创新就该天马行空，把思想打开。我们需要脑洞大开，想别人想不到的。机电工程与自动化学院罗均教授的《激流险潭，且看无人胜有人》讲述了上海大学无人艇的创新过程，看到"无人艇在进行海测作业时，一半以上的时间需要面对4级海况，这时，海浪高度在2米以上，大大超过船只的高度，一个浪头足以把无人艇打翻"时，我想，可不可以给无人艇加个罩？把无人艇设计成类似于不倒翁，这样再大的浪头打过来也不会影响艇里的设备，而且不倒翁的设计原理就是推倒会自动复位，这样无人艇就不在意海上有多大的浪头了。还有"无人艇下海还有许多让宅在家里的人想不到的问题。比如，无人艇一般不太大，携带燃料有限，跑不远，这是小艇的先天局限"，我想，为什么不试用一下太阳能和潮汐能、风能呢？这些不可以转化为小艇的动能吗?

哈哈,感觉自己的头脑被文章给点化了。不过文科生想的都比较简单,就像某年的高考题小鸟衔树枝飞跃大海一样,理科生会通过计算来告诉异想天开的文科生,这是不可能的,但异想天开偶尔也会促成科技发展的改弦易辙,从而柳暗花明。

创新需要专业基础,但同时专业也可能成为局限。"参与无人艇研发的学生专业背景相当复杂,且文理结合,经管、数码艺术、影视、计算机、材料、通信都有,当然少不了机电工程和自动化,师生彼此取长补短、相得益彰。"文科生想象力比较丰富,理科生逻辑思维较强,文理结合确实有助于创新,全方位各专业的协同服务,会推进创新更好、更快、更强的发展。这让我对今后的大学生活充满渴望。原来我可以一边学习,一边跟各系的同学们在导师们的带领下创新,把学习和创新结合起来,相互促进,那是多么有意义的生活啊!

"创新需要创新者的积极性,必须尊重创新者的内在追求,让他们在内心愉悦中,保持充沛的动力。"对顾骏教授提出的这一点,我深有感触。在我 6 岁时,妈妈带我去琴行,老师看我对钢琴有兴趣,就让我随便弹,妈妈看我喜欢,就报了钢琴学习班。可随之而来的年年钢琴考级,让我不胜其烦,直到在妈妈与老师的严厉要求下,强迫自己考了 10 级后,就再也不愿意动钢琴。后来妈妈见我喜欢漫画,就一直用我喜欢的"知音漫客""飒漫画"等网站来引导我去学习画画,不再强迫我去参加美术考级。在我对素描感觉枯燥的时候,妈妈告诉我,想要画好喜欢的漫画就必须打好绘画基础,而素描就是基础。还有达·芬奇画蛋的故事更是告诉我,基础平淡枯燥,但没有基础,哪里来的灵感和创新。当一个人喜欢做一件事,他才会静下心来去研究,去探索,去开发,任何事情的成功都需要百折不挠的勇气和千回万转的努力,没有兴趣和爱好,想在一条路上摸爬滚打地走下去是不可能的,跌一跤就想换条路试试,是体验不到"山重水复疑无路,柳暗花明又一村"的喜悦的。我相信自己对数字媒体艺术的执着!

"创新必须跳出无意中形成的路径依赖。"在国内,教育很容易走固定模式，像流水线上的产品，一批一批的学生从上一年级直到升入高中至高中毕业（大学生活还没体验），基本上就在套路里学习，做着成套试卷，标准答案说你对你才对。话说数理化只有一个答案，语文的阅读理解和文综怎么也有标准答案？同一个石膏像，不同角度的人看到的影像就不同，画出的素描就不是一个样子。同一篇文章，不同的人有不同的感想，一段文字表达了作者怎样的心情，怕是作者本人写文章的时候也没这么多的感触。我看有文章说，在国外，同一篇文章不怕你有不同的看法，只要你言之有物就好，这在国内是行不通的，这种十多年的教育和考试很容易造成学生的固化思维。

在我4岁左右时，路边店铺里播放着的士高音乐，我就在路上不自觉地扭动腰肢跳舞，还很有节拍，路边好多人围观，也不怯场。后来在幼儿园报了舞蹈班，老师按规矩教跳舞，再让我跟着音乐随便跳舞我就不会了。因为我知道了，这样不对那样也不对，怕跳错了就不敢跳，最后也就不会跳了。因此，有时候妈妈会开玩笑说"一个舞蹈天才被戕害了"。舞蹈需要灵性，当然基本功也是必需的，但好多时候，教育在严格要求格式化的时候，压制了灵性，也造成了真正意义上的教育失败。通过文章我明白了上海大学创新的指导精神，我喜欢这种跳出格式化、尊重个人兴趣爱好的教育氛围。愿上海大学可以助我们成功，"好风凭借力，送我上青云"。

中国需要大工匠。"寄托着助推中国整体国力大跃升的工匠和工匠精神，必须有高立意、大境界，必须超越单纯经济学视野，而聚焦于中国在人类文明和世界历史中的长远定位"，原来中国工匠的未来应该是像英国一样制定各项创新的规则，定义市场。虽然还有很长很长一段路要走，但目标是需要明确的，有了灯塔，航行才不会偏离航向。这种大工匠需要很多学者不断地在实践中摸索，"摸着石头过河"，开辟出航线，为后继者指明方向。我衷心希望我的上海大学能成为改革路上的开拓者、创新者。

创新来源于生活。王国中教授在《为音视频传输立中国规矩》中说："先在信源端对音视频信号进行压缩，再通过无线、卫星或有线通道传输到用户端,经过机顶盒解压,还原为原来信号,然后播放出来供用户观看。"跟牛奶运输把牛奶变成奶粉再还原为牛奶,有相似性。这说明,在现实生活中,如果我们善于观察,大胆想象,对我们开拓思路、扩大视野、勇于创新会有很大促进。艺术来源于生活而高于生活,创新更是来源于生活,必将应用于生活,没有实践基础的创新只会是无源之水、无本之木,是没有存在的意义的。金东寒校长在《管理好创新的发动机》中提到:"用排油集气法,把泄漏到润滑油中的氦气收集起来。"这过程省却了一台价格高达几十万元的仪器,"这方法不但简单,而且很准,成本还非常低,整个装置只花了几百块钱,就把问题给解决了"。这就是说我们在创新过程中应该活学活用各种知识,从实践中找方法,从生活中找思路。我希望能在上海大学一边学习,一边实践,把学到的文化知识与数字媒体创作结合起来,让知识指导创作,让创作丰富知识。

《创新路上大工匠》向我们阐明了工匠尤其是大工匠的含义,也通过教授们一篇篇的文章向我们展示了与印象中不一样的上海大学。我对上海大学的认识是通过网络查询得来的。通过查询,我知道了上海大学是"211大学",有我喜欢的数字媒体艺术专业,在我喜欢的大都市上海。我也看到了网络上对上海大学褒贬不一,各种所谓的大学排名里,上海大学所处的位置也不是很高。但通过《创新路上大工匠》我看到了不一样的上海大学,顾骏教授的《中国需要大工匠》《国家战略与万众创新》,让我看到了上海大学的创新定位,其他教授的文章让我看到上海大学在国内不同领域内的卓越贡献,大爱无言,科学家们总是默默无闻地在各领域为国家无私奉献着青春与热血。

上海大学在研究领域打破专业限制,连本科生都参与到创新研制中,《创新路上大工匠》每一篇文章都提到让创新者愉悦,这让我对即将开始的大学生活很是神往。愿即将开始的四年大学生活里,可以心随我愿,和同学们在导师们的带领下乘上海大学这艘巨轮,在创新精神灯塔的指引下驶向希望的海岸,愿我们上海大学的学子们"俱怀逸兴壮思飞,欲上青天揽明月","长风破浪会有时,直挂云帆济沧海"。

点评

创新的确不是理工科的特权,但从想象力来说,艺术类应该更有发言权,区别只在于前者需要理论依据,并等待实验或实践验证,而对于后者来说,想象就是目的本身、价值所在。所以,在阅读以科技创新为主题的书籍时,尽管"胡思乱想",只要意识到自己不是毫无边际,就是了。"我的上大我创新",如此征文题目表达的不只是希望学生了解创新,还要求了解这所大学,未来四年这是同学发展自己的地方。能从书籍转移到网上,主动寻找学校的信息,进而树立创新的意识、态度和决心,说明阅读是有效果的。

10 创"创新"内涵之新

⊙缪赛（社区学院 理工大类）

"生产技术的革新和生产方法的变革是经济发展过程中最核心的动力。"作为20世纪知识经济的先驱，博学多闻、兼收并蓄的美籍奥地利经济学家、经济学界公认的"创新经济学之父"约瑟夫·阿洛伊斯·熊彼特早已预见了经济与国力的动力火车头——创新。

暑期时光，我于《创新路上大工匠》一书的字里行间漫步，感悟上海大学不同领域创新者对"创新"内涵的独到见解，体认领路人为使创新成果实现产业化不懈努力的工匠精神。不同于常理中对创新的解释——在原有事物或理论基础上开创新的变革与发展，这本书中每一位科学家的言辞与经历使我内心生发出对"创先人之未发，寻技术之革新"的新认知：创新不局限于革新与开创，更是外部条件、思维灵感、事物内理、基础积淀、发展需求、精神动力的有机结合。

有些高校在邮寄录取通知书时，会附赠一本有阅读价值的书，目的是想对新生的"三观"进行引导，这种做法的出现无疑就是一种创新。然而不同于国内其他知名高校通常只附赠一本哲学、艺术类或精神指引类书籍的创意，上海大学顾骏教授以独特的采访记述方式，呈现出各学科领域科学家和工程师的创新历程。教授们不惜展示和分享自己的研究成果及创新心得,用一个个传奇故事谱写了一本论述"创新"的书籍附赠给新生,在高校界可谓独树一帜。《创新路上大工匠》让上大新生提前认识并走进上海大学,是上大新生科技创新的启蒙书和领航灯,彰显了在创新中再创新的理念,是对"创新"内涵的再一次创新。

人们会把从司空见惯的事物与科学中,革新而生新事物和新理论的过程看作创新,但通过对《创新路上大工匠》的阅读和思考,我对"科技创新"和"工匠精神"有了更深层次的理解和认识。

一、创新是"道"的追寻过程

悟事物之规,识发展之道,创未发之理,索新颖之路,引未来所向。

历经千年,华夏文明依旧秉承"道"为本源,体现创新之魂。春秋战国百家争鸣对文化与制度的思考,秦朝中央集权制的管理政策,汉朝科学发明的出现与流传,盛唐对人心情感的再次唤醒,清末对西方工业和科技的学习、发展与革新,中华民族以其优秀的历史文化体现新时代创新的可能。上大创新者以"道"喻"创新",以实现自我价值为目标践行工匠精神,何尝不是一种创新呢?于正对大学未来心怀憧憬的我,何尝不是一种富有文化共鸣的激励方式呢?

求学似问"道",静心思辨,潜心钻研,用心感悟,专心探索,这正是上大创新者给予我的求学之道:从对事物本身产生问题与兴趣,有了"问道"之心;再认真学习基础知识,具备对"道理"的认识;最后探寻研究目标,找到自己的创新之"道"。

二、创新要"站在巨人的肩膀上"

以知识为基石,以导向为目标,以方法为助力,以信念为羽翼。

闻名世界的牛顿万有引力定律堪称经典,不过从牛顿的自述中不难发现,他的成功借助了哥白尼、伽利略的观测基础,开普勒行星运动定理的理论支持,最终因为一个偶然掉落的苹果成就了物理学经典理论,"站在巨人的肩膀上"即是牛顿对他创新过程的真实认知。上大的大工匠巧妙而贴切地把大学知识喻作"炸药包",把在创新过程中思维借助知识碰撞产生灵感的过程喻作"引爆"知识的"炸药包",同时以前人理论及今人努力为"跳板",不轻易放过任何偶然性发现,创新便自然而生。上大工匠们以创新的思路诠释"巨人肩膀"的强大作用,正是对即将进入大学课堂的我提出的奋进目标。

求学似向"巨人肩膀"攀登,脚踏实地夯实理论基础,思维敏锐捕捉偶然信息,不遗余力广泛学习经验,勤于思考闪现创新灵光,这正是上大学者们对我未来学习方法的指引。"师者,所以传道授业解惑也"。在学习道路上,老师的作用正像"巨人的肩膀"一般,作为学生,向老师汲取知识即是向"肩膀"攀登的过程。

三、创新是分阶段的

科学知识的发掘和拓展,工程项目的实体化和实践,产业格局的推广与革新。

"珍妮纺纱机"由想象到图纸再到机器,蒸汽机的理论实体化与产业推广,发电机从科学观点到实践再到产业化普及全世界,互联网从猜想到实验再到世界共享……在人类历史经历的两大工业革命与一大科技革命中,改变人类文明的产物皆是从理论科学开始研究,再到实体工程进行实践,最后将其产业化推向市场。或许上大创新者们所追求的正是科学家、工程师与企业家的融合,以科学家的严谨验证创新思路,以工程师的创造实践创新观点,以企业家的方法实现创新推广。上大工匠们以全新的视角定义创新者所要具备的思维与精神,也是对我未来学习目标的提点与指引。

求学也应具有阶段性,夯实书本知识,善于动手实践,尝试换位思考,融合学科共性,谨记创新目标。在未来的大学生活中,做任何事都需要循序渐进,欲速则不达,脚踏实地分清每个阶段应该做什么,从而实现升堂入室。

四、创新的新动力

用创新的思维审视创新动力,一为"好玩",二为兴趣,三为理智,四为成就,五为追求。

从创新本质出发,上大创新者们的创新动力来源于何处?这是一个回归本源的问题,也许普通创新者的动力来源于国家政策扶持,来源于工作岗位的需求,来源于未来发展的需要,但上大创新者们有自己独到的创新观点。

开放自由的学术氛围与政策体制是激发上大创新者们"玩"的重要原因,"好玩"又是激发创新者们思维灵感的不竭动力。或许无人艇的构想正是从遥控船那里得到启示,或许新材料的产生也是从"玩"中诞生。"好玩"直接引起的就是兴趣,上大工匠们因为兴趣而不倦于探索钻研,因为兴趣而愈发喜爱难题的出现,因为兴趣不断克服难题,因此兴趣是创新行为的最大动力。在全身心投入科研创新过程中,上大创新者还时刻保持理智,即尊重科学,重视实践并追求整体最佳与利益最大化,理智也成为创新路上动力的保障。同时上大创新者们更加看重的是实现自己创新观点的成就感与追求走自己开创道路的满足感,他们每每按照自己的观点和道路追寻攻克难关或有所突破,其成就感与满足感又会反过来成为创新的动力。这对我们未来学习生活乃至工作中实现自身价值、追求自己的道路提供了良好的启示。

总之,上大工匠和创新者们正以创新的方式跳脱局限,使成果不止局限于实验室而是走向产业化;正以创新的思维挣脱体制性制约,实现创新优势促进国力发展;正以创新的视角反思前人诗词文艺占优而所谓"奇技淫巧"不受重视的教训,正以创新的眼界重新定义和发展"创新"的内涵!

创先人之未发而不失理智,寻内心之方向而无所畏惧,索事物之内理而不乏敏锐,集众家之经验而不轻己见,克探索之万难而不迷方向。这正是上大创新者们给予我最好的启示与最大的财富。

点评

这是一篇关于上海大学科学家、工程师创新之道的总结,而且目标选择很精准,就是要在"创新"的内涵上创出自己的新意来。无论结果如何,如此有想法,敢探索,且能形成文字,都是对创新本身的实践,大学生很少有机会直接走上科技创新的舞台,但随时锤炼自己的思维,践行自己的理念,却是可能也可行的。

11 创新之艰美

⊙余诗扬（社区学院 人文大类）

既然是写关于创新的文章，那我的这篇文字也想创新一下，不去写那些空洞的陈词滥调，就以此书抒发感想以及对自己的未来进行一定的思考。

《创新路上大工匠》这本书为我体认创新精神打开了一个窗口。原谅我的浅薄，我最初的感受是创新之艰难。这艰难主要有两个方面：一是创新本身的艰难，二是在这个过程中坚持的艰难。罗均教授和他的无人艇让我印象深刻。起初我只是觉得无人艇与巡逻船的闹剧有趣，但读到后面，罗均教授从海陆空三方面对比，直观地提出研发无人艇和改进过程中面临的问题与诸多挑战，我则惊叹于科学家们的智慧，更加惊叹于其锲而不舍、不惧困难的精神。再说郭毅可教授和大数据。他说："创新就是好玩。"这好像把创新说得很轻松。而我认为，创新的好玩之处就在于思想的开阔。想法这种东西，通常是神来之笔。我猜想科学家们应该会有一种"山重水复疑无路，柳暗花明又一村"的感觉。而在"疑无路"之时，还能有坚持下去的动力，这实在是难能可贵的。我想，这动力可能是科学家的精神品质使然，抑或是来自科学家对目标的直觉，即"我感觉这条路行得通，所以我愿意走下去"。当然，在我们这些外人看来,科学家们在创新的路上付出的心血是难以想象的,而且是我们所望尘莫及的,所以会觉得艰难。但对科学家来说,柳暗花明之时,之前所有的艰辛也会变成甜的吧。

再后来,我对创新不再抱有旁观者看热闹的心态,不再觉得创新好像是"天上掉馅饼",而是深切感受到创新之美。读到罗宏杰教授和他的《材料基因自有创新密码》,我知道了原来创新也是可以有逻辑思维的。的确,如果仅凭天马行空的想象而没有一定的思路与框架,那创新可以说是无迹可寻了。有角度性的思考,再加上想象,才是创新的正确打开方式。这一章,让我对大学教育有了更深的认识,"课程的目的主要是培养基本素质,让人知道从哪些角度去思考,按照什么逻辑思维"。明确了教学的目的,那作为学生的我对学习有了更加清晰的目标。这让我知道,创新虽难,但也不要望而却步。再到最后,读到金东寒校长的《管理好创新的发动机》,我了解到,工程师创新的动力来自对解决问题的热爱。那么,创新就变成了一个自给自足的体系——因为总会遇到问题,所以需要解决问题,而解决问题所带来的喜悦又支持着他们继续解决问题。这和我们学生学习很相似,努力学习取得了好成绩,由好成绩带来的喜悦感支持着我们继续努力学习。这样,我对创新渐渐有了主人翁意识,而不是雾里看花的欣赏。这让我感到,创新虽然艰难,但它的美值得我们去探索、去追随。王安石说过:"世之奇伟瑰怪非常之观,常在险远,而人之所罕至焉,非有志者不能至也。"

在阅读过程中,我注意到,很多教授都就本学科领域介绍了中国的世界地位。让我自豪的是,在科学家们的不懈努力下,中国的科技在世界多个领域处于领先地位。前辈们的"赫赫战功"对我们这群后生起到了无形的榜样作用。同时,我看到,中国虽然越变越强了,但还是有很多问题,与发达国家还有差距。从前我只是在新闻中了解到国家的科技地位,对国家的感情也只有自豪感,但现在,我更有一种使命感,为了解决这些问题,缩小这些差距,我们每一代人都应该作出努力,在自己的领域,继承前辈们优秀的品质和思想,积极地作出贡献,将自己的小梦想与中国梦,紧紧相连!

再来说说对这本书的看法。读这本书,对我这样一个生活在十八线小城市的高中毕业生而言,着实难度不小。一方面,这本书正文一共十二章,其中十章都是理工科的内容,其专业性的难度对我来说不言而喻。剩下的两章是顾骏教授写的,教授在行文中的旁征博引,足以彰显其学识的渊博。可是他所提及的大部分内容,我几乎是闻所未闻的,所以我需要一点点地去查,然而"百度"出来的结果也通常晦涩难懂,最终在我脑海里留下的只是一些专有名词。但正是这阅读时的艰难,让我认识到自己的渺小,让我对科学产生了更加深重的敬畏之情。另一方面,我又在积极地自我安慰,我看不懂的内容,别的准大学生可能也看不懂。那为什么学校要送一本大家都看不懂的书呢?我想,这些无人艇也好,大数据也好,都只是创新在不同学科领域的表现形式,用一个不太恰当的比喻,如果"创新"是一篇议论文的论点的话,那么这些学科及其科研成果,就是为论点提供佐证的论据。也就是说,我们需要透过现象看本质——虽然这些专业内容我们看不懂,但是这并不妨碍我们去体认创新。我暗自揣度,学校的目的兴许就在于此。

　　以上,是我对此书的感想,以及对创新的看法。最后,我希望,我能够在上大提升自我。我知道,弱,不能成为一个借口,唯有变强,才是正确的选择。

点评

　　在一篇关于创新的读后感中,"不写陈词滥调"是作者对自己最清晰、也最到位的要求。从创新之难到创新之乐,反映的不是读书深入之后的心情变化,而是对创新的态度变化。无论学习还是创新,"刻苦"两字在今日的教育中,似乎总是回避不了的。其实未必,爱学习的学生不苦,能创新的科学家同样不苦。能由阅读这本书而从苦转为不苦,说明读进去了。至于因为自己看不懂这本书,就认为同学也看不懂,总让人感到自我安慰的意味重了些,但要是想用这样的方式来平和自己的心态,鼓起进一步学习的积极性,作为策略来看待,也不无可取之处。

12 对于创新的理解和人生的展望

⊙王文川(社区学院 理工大类)

作为一名刚经历高考的大学新生,对标题上的两个问题,我还从没有像今天一样认真思考过。然而,大学是通向社会的第一道大门,我也在一个暑假的思考中坚定了与计算机专业有关的发展道路,创新对于这个领域更是占有灵魂地位。基于以上两点,顺应上海大学征文的契机,我想谈谈对创新的理解和由此生发的对人生的规划与展望。

在《创新路上大工匠》中,我感受了上海大学不同领域的教授在各自研究道路上的辛苦付出,领略了他们对于创新的认识。其中,研究超导的蔡传兵教授给我留下了深刻的印象。他在比较各国的超导研究进程时,对中国的描述是密切的团队协作和坐得住冷板凳的执着与坚持。合作与坚持,固然是创新路上两个必不可少的元素,在处于高新技术尖端的计算机领域更是如此。志愿填报的过程中,很多人都劝我不要选择电子信息和计算机类的专业,理由无非是工资收入有限和深入研究的枯燥乏味。可回想起当年中途辍学的比尔·盖茨和躲在地下车库也不忘初心的乔布斯,我们又有什么理由对任何挑战低头,更何况其赌注是我们自己今后的人生?所以,勿忘初心、慎终如始、坚定信念的匠人精神是我从书中得到的对创新事业,同时也是今后人生的第一个理解。

而蔡传兵教授对于欧洲工作者态度的描述,又引发了我对创新的另一种思考。"欧洲人自个玩,不紧不慢",其实平心而论,我认为欧洲工作者的研发道路更像我们脑海中对创新工作者的最初遐想,正如钢铁侠托尼在被软禁的房间里用仓库陈放的水管制造出粒子加速器,发现新元素的霸气与天才,而事实也确有几分相似,他们在一些重大问题上有突破性进展,这是毋庸置疑的。这个暑假我也到欧洲游历了一番,可能对他们的工作态度有些许理解。在欧洲,我最大的感触就是他们从容的生活方式。大城市只因外地游客而有些许喧嚣,小镇则安静祥和,鲜有人语。或许正是这样的环境才催生他们独立思考、甚至冥想的特点。而放眼中国,想做研究,要先有经费;要有经费,就要向国家申请项目。这样一个人的呼声就显得势单力孤,必须是一个团队才能得到足够的重视。两种模式,各有利弊。欧洲模式,天马行空,可能有成果,甚至基本原理上的突破,只是随机性大,不确定因素多;中国模式,目标明确,效率较高,只是有可能因身处团队而禁锢思想,难以实现本质的突破与发现。

当然,中国这种模式也并非无法改进,潘建伟教授率领团队在量子理论上也取得了突破。一方面,这与国家近年来重视理论物理的研究密不可分;另一方面,可能由于急功近利的社会风气,也传出"量子通信是骗局"等一些不和谐的声音。我想说,理论研究是创新的最高级表现形式,投入多少时间和金钱都不为过。量子物理到现在也无人敢说自己真正清楚,理论指导实践,更不用说现在就能造福人类了。古往今来,伽利略、哥白尼、布鲁诺……多少学者为了研究做出牺牲,甚至付出生命。所以,甘于寂寞、勇于牺牲、坦然面对质疑的学者态度同样是我从书中联想到的,也是对今后人生观形成有利的第二个理解。

展望未来,求学的道路依旧漫长,上升的空间依然不可估量。在中学期间,你还能抱怨老师的水平、学习氛围;而上了大学,一切都将掌握在自己手中。天道酬勤,电子科学与技术(当然也包括计算机科学)专业,既已决定,我必将一丝不苟地将其贯彻到底,希望能以此谋生,实现人生理想,过上幸福生活。

展望未来,上大是我新人生的起点,但绝不是我学历的终点,我一定要战胜自己的懒惰与任性,戒骄戒躁,秉承大国工匠的谦逊与坚持,追求上进,慎终如始。

科技是第一生产力,创新则是科学进步的敲门砖。比尔·盖茨创造了 Windows 系统,创造了微软,改变了人类的生产与生活方式。在今后的学习中,我会注重思考,勤于提问,或许一个本科生小小的疑问真的能带来一番变革,谁知道呢?

人生最难的路永远在脚下,因为任何一步的闪失都会对将来产生不利的影响。学习如此,创新更是如此。愿今后四年每一位上大学子惜时如金,不要荒废了这堪称人生中最灿烂的四年。青春不辜负,创新助我行!

点评

能感悟书中各位作者创新不易,并在比较欧洲科学研究风格的基础上,对国内科研体制和教育制度加以思考,不无个人见解,这对未来的学习和创新都会有所助益。在专业选择上,能从一而终,固然不错,学了一段时间,再改变,也没有大错,可以适度放松些,将来真有创新,无论哪个行业,收入都未必低人一等。至于成功的创新者是否仅仅因为利益驱动,可以再到书里去找一找,乔布斯等人会有他们的说法,动机未必那么单一。

提醒下,车库里创新,本来就是创业的起始阶段,此时谈"不忘初心",会给人历史乱了逻辑、时间失去方向的感觉。

13 艺术大工匠

⊙李逸安(上海美术学院 视觉传达设计)

　　创新路上大工匠,是上大的精神主旨。

　　通读了这本藏在红色信封里的蓝皮书,相当直观地对创新的工匠精神有了进一步的了解,以及更深一层次的思考。

　　本书前言里,针对大工匠的概念、作用及意义,分别给予了清晰明朗的讲述。大工匠,作为创新路上的代表,是开路先锋、是筑路战士,更是引领全社会进步的路标。不论是世界时势、抑或中国自身,都迫切需要心怀创新的大工匠。中国梦需要大工匠来复兴,中国道路需要大工匠来探索,中国的文化自信需要大工匠来坚守、发扬。而这些大工匠相互联系,携手筑造起的创新体系,即为当下大国竞争博弈的最后凭借。世界正走在拐点上,各方势力已然制衡,意欲在僵持混沌的大环境中脱颖而出,创新路上的大工匠着实不可或缺。

　　引用一句前言里最震撼我的话语:"大时代孕育大工匠,非大工匠无以催生大时代!"中国已然抵达大时代,透过满载着油墨香的纸张,我已然看见了校内各个专业里的大工匠纷纷应声而起,振臂高呼,像呐喊,似号召。社会学院对国家与创新者间的紧密关系展开了探讨;机电工程与自动化学院则着重讲述了无人艇的创新历程;计算机工程与科学学院强调了大数据的结合与运用;生命科学学院阐述了补心技术里头别出心裁的大创新……每一位身处各个领域的大工匠,都积极发挥着自身的专业特长,力争在一方天地里崭露头角、实现超越。

空前开阔的视角,颇具见解的言论,紧跟时代潮流的分析,无一不接连刷新着我对生活、对自身的认知。在拓展了知识面的同时,更深深鼓舞了我的内心:识时务者为俊杰,中国确实需要具备长远眼光、高深立意以及创新思想的大工匠;而这样的大工匠,就置身于上大校园的各个角落之中!对于我们,一届又一届新生,唯有紧跟他们的步伐,努力拼搏成为新一代的大工匠,才能使创新路生生不息地延续下去,直至中国之龙再度腾飞世界之巅。

然而捧着蔚蓝言集,欣喜之余,我却悄悄感受到了一丝失落。谈纳米、谈超导,论管理、论数据,怎么迟迟不见"艺术大工匠"一展身手?

确实,艺术不同于数生理化,它无法凭借某项技术的发明、某件器具的诞生来证实自己的创新。然而这并不代表艺术类专业里就允许缺乏能够指引社会群体的大工匠。比起保障人类硬件设施发展的专业,艺术更倾向于通过改造人的内心环境乃至精神状态来促进社会前行。艺术大工匠在创新路上仍应是不可或缺的一员。

杜亚美曾在《长篇小说探讨》中言道:"我们的父辈勘察和开发了几乎全部的领土,原封未动的只剩下地球内部的资源了。""我们已经到了长篇小说需要进入内心深处的时候了。"文学作为艺术表现形式之一,杜亚美道出了一个当下所有艺术类群体都不得不面对的难题——创新。

难。如何创新?创新何物?单从与我的专业关系最为密切的美术类来说,艺术家前辈们已经发掘了数不尽数的绘画方式、画风表现、上色手法,每一种特色几乎都已经被发挥得尽善尽美了。仿佛青山已被造满了精美玲珑的亭庙,而我们后辈只得面对着这些遗存的杰作面面相觑,再不知自何开创新作品。

至此境地,我想,与其试图在已被前人攀登过的巅峰上栽花,以求短暂的细微突破吸引眼球,不如重辟新天地——完完全全的新天地,连带着山峰一起。如果说我们之前的工匠们已经解决了任何艺术作品表面的坎坷,例如作画方式、细化程度等,那么我们必须从作品的核心出发,即重塑艺术作品的精神姿态。这是深埋于画布、剧本之下的"地球内部资源",在"地表新领土"荡然无存的情况下,触及精神与心灵的表现方面仍为我们留有一席延伸之地。

当前的美术作品,想要描摹世间万物的各种姿态都已不在话下,没有最逼真,只有更逼真。然而这些作品在叫人叹为观止之后也就戛然而止了。观众们可以通过端详画作上的一根汗毛来感受艺术能人的绝世手法,却不能由这一根汗毛领悟到一些震撼人心的精神点。此处所提的精神点,并不狭隘于所谓崇高、正面的:可能怀疑、背叛,甚至抑郁、颓唐,都应该纳入表现范围。我认为画作具有的价值不应局限于记录和展示,它们还应当携有传达与改造的作用。

诚如黑格尔所言,艺术不应当只是简单地将"外在的现象"转化为纸上的现象,更应当成为"心灵的表现"。此时的艺术作品便由之开始凭借"理性能力带来非理性现象"了。当精神主宰画面时,艺术作品便完成了从"画得像真的一样"到"画得像我一样"的蜕变。我们可以选择着力于表达"我"的美丽,也可以致力于描绘"我"的丑恶。美丽使人心生向往,奋力追求;丑恶使人对照自身,幡然自省。当然,在这个美好事物被过度表达的时代,后者往往更具冲击力和感染力,并从而起到更好的效果。毕竟人们通常只愿听从自己心底深处的声音,自发认识到的弊病自己更清楚根源所在,也就更明白斩除的方式和必要性。

简而言之,我希望艺术作品不再单单触及人们的眼球,而是能够触碰到人们的灵魂。我希望它们震撼的不再只有人们的大脑,还应有人们的心灵。画作不会再是现实的奴隶,在大工匠的手里,它们会具有改造现实的能力。

于是,从这个角度放眼望去,我们后辈依旧拥有大片的荒芜等待着开垦,这是属于我们的创新之地。相信有朝一日,我们也会成为艺术大工匠,在精神、心理的"软件"保障上与科技"硬件"保障互补,为促进社会、国家发展贡献自己独特的力量。

仰视已经奔腾在创新路上的大工匠们,并学习之。光有崇敬与赞扬是不够的,在这个沐浴着阳光与花香的上大校园里,唯积极上进、厚积薄发,力争成为创新路途上的一员,为之注入源源不断的新生力量,才是每一位上大新学子应该心怀的梦。

点评

作为艺术类学生,对于科技创新没感觉,进而质疑记述创新的著作何以没有艺术创新,是可以理解的,但作为读后感,离开科技创新的主题,擅自去美术领域跑马,则是不可原谅的。但这篇文章的独特之处在于抓住了"大",大时代的"大",大工匠的"大"。作者看到了中国正处大时代,无论在科学技术还是文化艺术领域,都需要有与之相称的"大作品"。这个感觉正是这次征文面向全校新生不分文理科专业的目的所在。用艺术的力量来改造现实世界,想法很好,上海大学有这样的专业,去公共艺术的课堂听听,或有发现。

14 如何搞创新？"玩"出来！

⊙李家豪（翔英学院 通信工程）

"创新"这个概念始终围绕在我们的周围，从李克强总理号召的"万众创新"到媒体报道的创新实例，似乎创新离我们很近，但一旦轮到我们自身开始搞起创新时，又会感觉自己离创新十分遥远。这种距离感在我看来，是因为缺乏对创新的认知，在读完《创新路上大工匠》后，我对创新有了新的理解，这种距离感也在逐渐消退。

"创新"在词典中的解释是抛开旧的、创造新的。也就是说，创新是对故有存在的改变乃至颠覆。

围绕着创新有两个话题：

首先是维持创新的动力。一种是在遇到问题时，科学家、工程师不断想方法解决问题而涌现的创新念头。如：面对测绘海图的艰难时，"精海爸爸"们进行创新，用无人艇代替传统测绘船；当无人艇遇到种种困难的时候，他们不断创新技术，找到合适的方法来使无人艇"走得准，避得开，看得见，收得回"。这种问题引导式的创新，使得科学家们一步一步完成一个个小的创新，那些小创新最终汇聚成大创新。

另一种则是因好奇而引发的，就像牛顿好奇苹果为什么会落地而发现了万有引力。许许多多的创新者也是因为好奇而进行创新。好奇的天性就像一颗种子一样扎根在他们的思想上,一旦碰到了引发好奇的事物,这颗种子便会发芽。当用大数据为彭丽媛女士做一件披风的想法闪现在郭毅可院长的脑海里,其便立即付诸实践,将披风制成了实物。这种兴趣引导式的模块常常是科学家们创新的源泉。

无论是问题引导式还是好奇引导式,最终能成为创新的动力,归根到底还是这样的创新能带给科学家们愉悦感。

除却维持创新的动力,在创新的背后,则是另一个更重要的话题——创新精神。

创新精神是每位创新者都应具备的,而创新精神的核心就是一个字——"玩",没错就是"玩"。英国的科研工作者之所以极富创新精神,便在于他们始终保持着"你付钱,我来玩"的心态,这使得他们积极投入创新。而本书中许多科学家、工程师对于创新的感觉提到的最多的词就是"好玩",在创新的世界里科学家、工程师已然成为"玩家",那些碰到的问题都变成了一个个关卡,好奇心促使着"玩家"们运用手边的资源,发挥自己天马行空般的想象,克服重重阻碍,最后到达终点获取胜利。看,是不是模式都很像游戏?唯一有些不同的是,主角由操纵的人物变成了自己,努力变成了具体:可能是一年中六个月之久的海上考察,可能是在验算、验概率、匹配中循环往复,抑或是寻求工厂帮助的费心游说。科学家们在整个过程中获得了乐趣,但这种乐趣不是简单的好玩,而是更深层次的自我价值的满足。这也是为什么旁人看科学家做创新很苦,但科学家往往却不觉得累的原因。兴趣使然,与苏轼夜读一样,只会更痛快,又怎么会累呢?反言之,如果科学家们对于所研究的事物没任何兴趣,从中没有愉悦感而只有痛苦的时候,没有了动力维持的创新又如何能成功呢?正如顾骏教授所言,"创新之道就是创新者愉悦之道"。

当然,这里的"玩"指的是心态,而不是态度。做创新、搞研究应该是始终保持着严谨认真的态度,上大的教授们在书中虽没详细呈现当时科研时的严谨,但"检验,检验概率,配对,循环往复"这些词已经能看出上大严谨的创新精神。

除了"玩"这一核心精神，创新精神还包含着"兼容并包"的理念。在无人艇这个创新项目上，创新团队来自上大各个院系，如自动化、通信、材料等，正是这样跨学科的团队组合使得无人艇在各个方面都十分卓越。许多的创新项目很难只涉及单一学科，跨学科组合，必然是大型创新项目的主流。"兼容并包"的思想还体现在：有着全球化背景的当下，我们搞创新要多去了解同行们在干什么，以他们的经验、视野、技术来丰富我们的创新。诚如肖俊杰教授所说，"创新必须'站在巨人的肩上'"。

面对着如此多的前辈们在创新路上所踏过的足迹，我的内心也十分激动，当然我清楚，以我现在所学的知识想在创新路上走出很远不太现实，但"我思故我在"，创意的火花还是能迸发的，虽然可能许多想法难以实践，但至少我觉得能有思想就是很不错的。

这本书确实向我展现了上大的创新精神，也充分地激起了我的创新热情，第一次知道创新也能这么有趣，我会在今后的学习工作中，试着做起我自己的创新，亲身体会这份乐趣。也由本文向撰写本书的教授们和所有奋斗在创新之路上的科研工作者们致以由衷的敬意。

点评

如果说这本书第一篇文章的风格是大气，那么，这篇文章则是静气。"静水则深。"稳得住，才能出思想，才有好文字。开头一段话就说明你能准确把握自己的感觉，平和地表达出来。就读后感而言，这是一种能力，也是一种境界。标题简洁，直击主题，思路非常清晰。能区分心态和态度，对概念足够敏感，于你的未来会有很大帮助。没有人要求你在现有知识的基础上，进行严格意义上的科技创新，人生刚起步，未来是你们的。通篇文字呈现出这个年龄段少有的干净、平和、通顺，可喜可贺。

15 荒境寻井

⊙丁嫣然（社区学院 理工大类）

初怀"枯燥、乏味、专业性过强"的想象，又经历几度"翻几页便兴味索然"的纠结，终知，这是一本满溢着创新气息的书：恍若熠熠星辰的封面下，各领域的"大工匠"们将"荒境寻井"般的创新历程以文字的形式娓娓道来，隐隐传递振奋人心的力量。

钦佩与向往之余，不禁想到：把此书先入为主地代入种种"不良印象"，岂不是精神上的落入窠臼？心怀杂念而不能坚持阅读，岂不是行为上的怠惰散漫？一时赧然。读书之忌，一如创新之忌。若欲"荒境寻井"，先要"脚踏实地，仰望星空"才行得通。无论是无人艇的日臻完善，还是大数据产业的风起云涌，抑或Suzuki反应的惊喜衍生，以及纳米研发的步步推进，都是"创新"这一词条下的绝佳注解。而书中频频被提及的"工匠"，背后正代表着如此一种精神：先要有肯于精益求精、严谨专注的那一份"脚踏实地"的态度；更重要的是敢于探索创新、勤于思考的"仰望星空"之情怀。是谓：工匠精神贵有"匠心"。

手中颇有几许分量的书，要传达的应并不仅是这些上大师长的创新历程，亦不只是简单地展示各前沿科技领域的创新成果以拓宽我们的眼界认知。它更像是在大学四年开启之前,先引起学子们思索的一个小小楔子:如何跳出固有的思维与行为定式,去尝试,去体验,去实践创新?人各有所长,创新也并非仅限于科技领域。是故,又将如何成为缪斯女神的青睐者,在自己所在的领域里成功叩开创新的大门?创新,没有公式可以参照,却总是有迹可循。

一页页翻来,"创新"与"好玩"每每紧密相连。由此不难推出:热爱催生动力,兴趣推动创新;敢想敢做,方有所得。常与"兴趣"相伴相随的,还有"好奇心"。在"问题驱动"下作出创新的人们,正有着这样的共性:保持旺盛的好奇心,善于发现问题,肯于直面问题,更能担起责任解决问题。由此可知,敏锐的"观察力"、丰富的"想象力"、行事的"责任心"也均不可或缺。那些"无心插柳柳成荫"的创新,绝非只是因为有从天而降的好运。所谓"荒境",并不只是形容那些我们的认知还多有欠缺的空白领域,更多的则是思维麻痹僵化而困于囹圄的境地;在看似平凡的现象里,在普遍达成的认知里,在无意造成的结果里,幸运只留给那些细心"寻井"的人,品尝创新的甘醴,邂逅"柳暗花明又一村"的别样风景。

"有时正是那些无人看好之人,成就无人敢想之事。"创新,不只是存在于抽象的"工程师""研究团队"等笼统的概念里,它可以出现于生活各处,所以,无须裹足不前,妄自菲薄。事实上,如今的我们一腔热血,自以为站在时代浪尖,满心是无知无畏的乐观和热情,在这"以梦为马,诗酒趁年华"的年华里,还不曾感受岁月的无情蹉跎——这是向创新进发的大好时机。不过,倘要成为真正意义上的"大工匠",当真是说易行难。当今社会是如此的日新月异而瞬息万变,在巨大的竞争压力下,在波谲云诡的外界环境之中,唯有创新,才能保持长久的生命力,在科学技术领域尤为如此——正如书中的种种鲜活实例。四年磨砺,成长的除了学识,应当还要有更加成熟的心态、敏锐灵活的思维,以及一颗执着于"荒境寻井"的心灵。

再谈工匠。"工匠精神"一词随着互联网的传播,早已流行开来,其含义众说纷纭,大抵意味着一份信仰、一种坚守,更是一份传承、一种发扬。坚毅，踏实，精益求精，知行合一，都是"大工匠"所传达出的气质。而要做"创新路上大工匠"，更需要包容并蓄，因时而变，因势而动，敏锐观察而保持前瞻性，紧逐时代浪潮。凝神以赴，沉下心来去历练如此一颗"匠心"，势必能在其中获得不可言说的乐趣，何尝不是我们所应践行的呢？

人类需要敢于创新的大工匠，需要即使风雨肆虐，也不改初心的人；需要即使孤独无援，也坚持不懈的人；需要即使身处荒境，也愿意寻井的人。而今，"恰同学少年，风华正茂"，创新与匠心，皆应始于意识，作于点滴，终能成就价值。

点评

一个理工类专业的学生有如此娟秀文笔，一个女孩子有如此知性文思，是纠正常人偏见的最好药方。在为征文增添一抹亮色之余，请努力让独立见解露出水面，不要被文采的浮光掠影所淹没。文章里说得好，"真正意义上的'大工匠'，当真是说易行难"，就这篇文章而论是否也同样如此？

16 创新上大,铸大国工匠

⊙彭宝萱(社区学院 经管大类)

何谓创新？新时代的产儿,抑或大国之软实力？何谓大国工匠？传统文化的传承者,抑或新兴科技的研酌者？上海大学,集创新为心,筑工匠为骨,为学子,为一国,开创一条技术实力之路。

之前的我,总觉得离科学家是遥远的。虽然整天学习的是物理的牛顿定律,解答的是化学的钾钙钠镁,认识的是生物的平衡调节,但这些理论是科学家的创新,自身未能体会到科技对当今世界的巨大改变。可上海大学的教授们对创新的看法让我认识到,科学家的职责不只是研究出一条两条定律,更是将创新科技利民利国,成为一个国家不可或缺的顶梁柱。

"创新是与国家整体实力挂钩的。"2017年8月8日九寨沟发生7.0级地震,就在四川的我震感强烈,竟不曾料到上海大学在第一时间发布通知"母校盼你报声平安",让我颇为感动,且真真切切地体会到创新的重要性,如若没有创新,也就没有了科技,更没有了精准仪器对地震的准确探测、对被埋人员的紧急搜索和抢救,以及第一时间收到全国各地对灾区人民的急切关心与祈福。上海大学将创新视为一个学校的精髓实不为过,因为创新是一个国家在面对天灾人祸、面对日益激烈的国与国之间的竞争之时的中流砥柱。

上海大学在每个领域都有着自己的专研和特色,"创新就是创新人的命",上大的每一分子都在尽自己的所能去研究,以创造自己的人生价值。无论是激流险潭的"精卫号"无人艇、创新和创意的大数据、中外合一的材料基因,抑或是别出心裁的心脏修复、解方程般的数据处理、奇特的药物骨架、匠心独运的超导……每一领域的老师或是学者用"工欲善其事,必先利其器"的工匠精神去完成自己的使命、国家的使命。

其中让我印象最为深刻的是无人艇的创新,一个"无人能胜"的创新。曾经以新闻的小视角看待"无人"这个大领域,殊不知科技的发展不容许有一丝怠慢、落后,于国家、于个人,都需做世界科技发展的弄潮儿。上海大学的无人艇就是这个时代发展独一无二的产儿。"精卫号"有如"木牛流马"般神奇,却有着"无人胜有人"的实力,有着"驾一叶之扁舟,举匏樽以相属"的古世仁人清高之气,却也有着"精卫填海"般救人救世的伟大责任。

另一方面,这项成就背后的研究者们起到了举足轻重的作用。"创新不能空来空去,没有一个实实在在的东西让人看得见,创新者就没有存在感",精密的传感器、"硬软结合"、"仿生科技"形成了"精卫号"强大的肌体系统,精确的算法和测量系统更是"精卫号"强大的大脑,然而这背后是众工程师责无旁贷却又乐在其中的精神,使"精卫号"能在鳞次栉比的"无人"科技中闯"激流险潭",创造奇迹。

试想自己未来的学习、生活和工作,同样与创新息息相关。

学习中,即使未能学习技术创新性强的理工类专业,却也能为上大研究献出自己的一份力。正如《创新路上大工匠》一书所说,"研发需要专业基础,但同时专业也可能成为局限",上海大学的每一个项目都需师生彼此取长补短、相得益彰,铸就创新路上一个又一个里程碑。同时,邓小平说过"掌握新技术,要善于学习,更要善于创新",在学习自己的经济与管理类专业时,在巩固基本专业知识后也需融入创新精神,对事例提出自己的看法和见解,方能与时俱进。

　　生活和工作需要创新,因为作了茧的蚕,是不会看到茧壳外面的世界的,有些发明家的初衷就是为了改变生活,正如爱迪生发明电灯般照亮了人们的创新路。生活和工作不能没有创新,在未来的道路上,我愿选择一条创新的道路,为生活点缀,为工作指引方向。

　　"择一事,终一生"是《我在故宫修文物》中修复文物者对大国工匠的解读,"格一物,新一世"是我对大国工匠的理解。大国工匠自古便有,如今,可以是古文化的传承者,同样也可为新技术、新行业的佼佼者。学习传统文化,我们需要与时间赛跑,因为我们不能改变太多,唯一能做的便是保护与传承;但掌握新兴技术,我们可以牢牢抓住时间,用创新说话,用实力说话,提升国家竞争力。

　　上海大学,愿你在创新路上一步一个脚印,铸就一代又一代的"大工匠"。

点评

　　努力讲出自己的话来,从阅读感想到遣词造句,都希望打上个人的印记,这正是创新者应有的性格。对大国工匠的解读有自己的见地,选择"一生"和"一世"作为对比,很有意思,尽管日常用语中这两个词的语义有时庶几相近,但在这里作者显然强调"完成自己"与"造福人类"还是有所区别。"语不惊人死不休",是中国文人的追求,但不是唯一目标,用什么方式来"惊人",永远有探索的空间,在造词、修辞和句型上别出心裁固然值得嘉许,但让最朴素的语言产生最大传播效果,"惊人"才能达到最大的性价比。

　　地震时学校对同学们平安的关切,是应该的,感谢你记得。

17 创新路上大工匠

⊙马宇辉（社区学院 理工大类）

当《创新路上大工匠》一书寄到我手中时，起初我是有些不以为意的，以为这又是传统听惯的说教。然而，随手翻开它时，却有了与传统课本不同的感觉，也让我初窥上大的与众不同。

创新就是解决问题的过程，但创新也是有层次之分的，这也是本书最动人心魄的地方——而且不只是道理的讲述，更是一位位教授多年经历的展示。由新的发现，到新的理论，再到新的思想——就如同发现新材料，关键是找到材料的基因；高效构建化合物库，关键是找到高效的合成方法；音视频的压缩技术需要原技术的优化工作，更需要的是数学模型乃至理论的创新。而理论和思想的创新也是一个学科得以飞跃的关键。因为有理论，方才能将数学推理与学科知识融合，不再仅仅是凭感觉探索，这也是为什么我会觉得化学生物学科更难研究的原因——因为它们的表象更复杂，往往需要物理与数学做基础。正如许斌教授所说，化学反应充满了不确定性和随机性，所以其理论探索或许会更加艰难，更难用理论指导实践，所以相对来说实验就更多了。

而当理论探索达到一定程度，就该思想的探索了吧。

而将各个学科的理论总而观之,或许就能类比地运用其他方面的思维来探究本方面——比如用研究电的思维去研究磁。做一个猜想,新一代的哲学家就将从这样的能将各种理论综合的科学家中诞生,这或许就是由哲学推动科学到科学推动哲学吧。

再回到书上来,加以概括,就会发现这本书的主要章节都是在探求四部分:对专业的介绍,专业中的创新,专业与产业化,行业中中国所在的位置及问题。而这些都指向了一个问题——如何对待创新。下面是我的几点感想:

一是对个人而言:

(1) 发现问题是创新的前提。就像很多很重要的发现是从其他研究过程暴露的问题中发现的,可谓是"无心插柳柳成荫"。

(2) 创新当有信念的支持。正如金校长所认同的"态度决定一切"。

(3) 实现个人价值的满足。科学家在新的发现中获得愉悦,工程师在解决问题中得到满足。

(4) 知行合一是关键。我想对和我一样的,刚刚高中毕业,接触社会,考虑自己的未来的同学会感受颇深的。

(5) 对新的发现,不断总结其背后的规律,才能上升到理论的高度。

(6) 初次学习当打下坚实的基础,这样才能在创新的关键时刻融会贯通。就像金校长所用的中学知识——排油集气法远比人们形成路径依赖的氦质谱仪方便。

(7) 虽是个人,仍要放眼整个行业与国际,才能有更明确的目标。

(8) 如果是作为工程师,就要仔细思考将专业与实际、与产业化紧密联系。

二是于国家和社会而言:

(1) 调整国家与企业、科研的关系,逐步推进产学研发展,及学校园区的建设。或许这和政治有点相像——政府可以把握大的方向,然而涉及优化与持续发展,依靠政府运作或许就会降低工作效率,而企业及民间的力量往往能优化实践。依靠企业与科研结合,以期获得持久高效的动力。

(2)注意对知识管理制度、创新激励制度等体制的研究,为科研团队构建强大的支持平台。

(3)从跟跑到并跑再到领跑,开创中国自己的道路,立中国规矩。

(4)注意学科交叉,行业互助。这里不仅是需要各学科之间的帮助,也需要其他学科思想方法的启发,这样就会很快地提高工作的效率。

(5)研究中国传统思想对未来创新的影响。中国几千年的文化,或许是开创中国道路的新路径。

(6)注重对人才的培养及吸引。就像斯坦福大学与硅谷的结合,我们可以建成数个人才聚集地,来推动区域经济的发展。

读完本书,我渐渐发现,个人的理想在随着对创新了解的深入而渐渐改变——从小时候想象的科学家,到解决实际问题的工程师,到能够将企业与科研结合的企业家,再到探究思想方法的思想家,甚至哲学家。这也是我选择上海、选择上海大学的原因——期冀从思想与能力上不断获得改变,这或许也是大城市新理念带给我们的优势。随着中国在国际上的地位越来越高,转型以求更大的跨越成为关键。而创新在这之中又扮演怎样的角色呢?时势造英雄,英雄造时势,我们又该扮演怎样的角色呢?

点评

能从一本书里看出那许多内容,说明不但读了,而且想了,想得还有一定高度。比如有关科学家与哲学家的关系,以及未来哲学家可能来自具有综合思维能力的科学家等想法,无论是否可能或可行,确属读后之感,而只要有所感悟,都是好文章。能注意到书中所描述的创新的四个层次,说明逻辑思维能力较强,而能把分散在全书中的创新过程梳理成一根链条,则表现出一定的概括能力,将来能自己创新,好,未能独立创新,能管理创新,也好,能成为一个具有科学思维的哲学家,更好。不过,要是连文章题目都不愿费神设计,直接把书名抄上去,恐怕还没有真心想明白。

18 《创新路上大工匠》读后感

⊙王路遥（经济学院 金融学）

在暑假中，我读了《创新路上大工匠》这本由上大教授参与撰写的书，内心受到触动。书中涉及国家对创新的采取方式和态度及无人艇、材料基因思路、心脏内外源性修复、"云"处理、化合物骨架搭建与修饰、化合物库、"超导"技术国内外的概况、音视频传输等内容。

我对科学家创新的真实感受是要有大境界、知识产权意识、独特文化风格等。

首先，科学家对所在的领域、个人对"道"的追求都有大境界。例如在"超导"技术中，蔡传兵教授提到了自己从大阪读博士，去东京研究所工作，在英国做博士后，在德国做研究，一直坚持在"超导"领域，即使中途研究过其他课题，但随后又进入高温"超导"研究，他对"超导"技术的长时间坚持，一点点改变溶胶涂抹方式，令我震撼。为什么如此执着？因为国家需要其产业化，他在书中写到自己以前接触到的老先生以国家重大所需为己任的科研态度对他影响极大。因为看见超导走向产业化而有自我实现的自豪感。因为是对于宇宙人生的独特认识，在不断的耐心韧性投入中走下去。如在原理清楚、技术思路有保障之后，大型企业不愿定制，一个个找小型企业定制设备。"路漫漫其修远兮,吾将上下而求索",也许是这样的吧。

其次,创新基于对自然的"道"的认识与理解,提升生命境界,突破自身思维局限对自己以外的世界通达,找到自己的方向,达成对世界与自己的一些更新,如发现新的科研方法、人生哲理,是深层次的自我实现。

此外,当看见科学家替代哲学家思考人类终极问题时,我感到世界观会被更新。当"阿尔法狗"的"深度学习能力"战胜人类高手,我想围棋本身是来悟"道"的,输赢并不是特别重要,因为它变化多端,但当已知变化都已被掌握了,似乎原先悟"道"一说要更新了。科学正引领哲学。

知识产权也是极其重要的一环。大境界似乎有些乌托邦式的,因为它大,但除了研究,还要受到知识产权限制,有些东西不能免费得到。从中我看到了比较现实的情况,研究气氛可能不好,做这个能否有生活基本保障,我明白了科研不是在"桃花源"中生活,在体验"道"的同时,要考虑现实情况。

我以前认为中国的传统观点不是那么科学,但阅读了"共时性"的时间观,"顿悟式"的思维后,解决了我对它的偏见。从量子力学联想到算卦,我突然认为可以从这中国人独特的思维方式来思考一些科学问题去创新,用易经来处理数据。

我看到了上大科学家的例子,我明白自己未来的学习、生活与工作要踏实,不应有急功近利的想法,因为真正的巨大贡献可望而不可求,它隐藏在某些特定的人身上,别人做不到。未来的学习本身是一种体验,不能只看重结果,重要的是发现的过程。在《在意外中享受化合而成的乐趣》中,有位著名化学家构建了一个拥有上百亿化合物的库,可针对某个生物靶点活性筛选时,几乎全军覆没,并不是研究方法有问题,而是运气不好,但如果只看到结果失败,就认为失败了,会打击到自己,从而一蹶不振。

通过读这本书,我对一些专业,如材料、生物有了一些了解,我感到每个专业都有独特的研究方法,如材料基因用于提高材料试制效率。我也要在大学中拓宽知识面,找到兴趣所在。其实读到后面我认为科研成功并不是个人或一个团队的独特见解,而是一群人的不同见解,着眼于同一研究的人遍布地球,到最后是谁能做到更完美、更高性价比。我读的是金融专业,这本书似乎没有提及,但我觉得可以举一反三,也要创新,但前提是脚踏实地,我感受到了读金融专业,也可以进行"道"的追寻与创新。

通过这本书的阅读,我明白了创新不是功利性的,是由内心驱动的,我受到了鼓舞,不再认为创新失败,是一事无成,是把时间浪费在无成果的地方,因为过程本身有价值,也是一种对于"道"的领悟。

综上所述,这本书中科学家创新的形式多种多样,但都有一个小型的着力点,去攻破,但需要大的境界,坚韧与对人生之"道"的追寻。

点评

以金融学的专业取向,能把一本讲述科技创新的书看得如此仔细,引用的材料又有很强的条理性,让人相信你确实感受到了创新的深厚内涵,不容易。或许正因为不是理工科的学生,没有明确指向,所以谈论创新难免漫无目标,文章也形同"长江万里行",典型的中国画散点透视之风格。相信你能举一反三,在各位科学家、工程师的所作所为中,找到个人未来领域中的突破口。顺便提醒下,文章题目设计很重要,不要偷懒,也不要掉以轻心,现在这个题目等于没题目。

19 走好创新路

⊙何少敏(社区学院 人文大类)

创新,是一个适用范围极广的词。

国家有国家大方向上的创新,中华人民共和国的成立,改革开放的提出,堪称惊世创举;行业有行业领域的创新,阿里巴巴为代表的电商横空出世,机器人为代表的人工智能大步跃进;个人有个人小方向上的创新,新点子的提出,新的方法的萌发,新设计理念的融入。

创新的因子无处不在。

自"万众创新"提出以来,创新的星星之火顿起燎原之势,大众对于创新的热情水涨船高,而这国家之船能否在民众热情的水面上乘风破浪更为人所关注。上大在创新上奋力前行,我们作为新一批学子更要树立创新理念,为国家创新路的走好尽自己的微薄之力。

而创新究竟是什么?创新对于每个创新者无论是小我还是大国来说都是一种自我更新,从昨日的垂老之态到今日的新生之姿,从上一个阶段的桎梏中破茧而出,开启一种全新的境界。

创新因其新生的朝气与活力为国家所重视,若将国家比作一具人体,创新便是存在于各处的造血干细胞,国家需要创新提供新鲜血液来使国家更为矫健地迈步向前。

放眼世界,日本人巧匠辈出,产品精益求精;德国制造业不断前进,占据全球重要一席;英国看似没落,实则新思想新技术发展大好。而中国仍行走在别的国家开通的技术道路上,没有找到自己的道路,中国需要创新,变中国制造为中国创造,拥有自己独具特色的思维方法支撑起独具特色的强国之路,上大的创新进取,每个微小个人的创新在此刻也显得十分重要。

但行走于创新之路上无疑是艰难的,中国遭遇近代的起起落落,古代的辉煌早已难见影踪,近代的科技大潮我们又一次次失之交臂,在如此条件下谈创新在各个行业都是筚路蓝缕的艰辛事业。改革开放近四十年,我们在各个行业虽有所突破,但是在相当一些领域仍旧跟在别人后面未能成为领跑者。在技术方面,中国的材料基因仍旧跟随着先进国家的节奏,密文域数域处理领域还有待自己规则的确立,纳米行业产业化程度低、没有自己的骨干企业,等等,上大在这些方面低头向前但是依旧面临重重困难;更为共性的社会问题也有待解决,行业合作不足、资金短缺、技术阻断等,个个都是创新路上的拦路虎。

但在此时再提出"万众创新"可见走创新之路的坚决,而创新的最后落实是在个人身上,即我们现在常说的"工匠"。但此"工匠"并非传统意义上的工匠,而是有着传统工匠精神的一批人,他们才是创新之路的铺路人,他们是科学家,是社会学家,他们活跃在每一个领域。创新之于他们更像是一次挑战自我、成就自我的游戏,在这场名为创新的游戏中,他们沉浸其中实现着个人精神上和物质上的成就,实现着国家和社会在精神上和物质上的发展。但同时他们也付出着代价,经受着考验,他们的坚持、无畏、信念在对创新的不断追求中展现得淋漓尽致。在上大自主研制的扫测艇中,年轻人的心态和情趣被糅入其中,一代又一代年轻工匠展现着自己的风采,新鲜血液及时得到补充。而当下的我们就是或者即将成为接班人的年轻工匠,也是最需要锻炼、最需要贡献力量的一部分。

个人的创新之路要走好,需要真正地理解创新,不要局限于科学技术领域,要有"高立意,大境界,必须超越单纯经济学视野,而聚焦于中国在人类文明和世界历史中的长远定位"。作为一名即将成为文学院一员的新生,在科研方面也许难以作出如发现新材料、破解技术难题这样的成就,但在人文社科方面,我也将向着创新努力,不断地突破自身局限,打开内在的小世界,同外部广阔的社会世界对流,追寻自身的进步和在社会问题上的新见解、新方法。

创新离不开坚实的基础,离不开看似来自天外的灵感,离不开长久的"工匠精神"。基础,需要我们用十几年的求学光阴一点点夯实,即将走入大学,更为深层次的知识需要我们进一步内化做到信手拈来。而看似飘忽不定的灵感如同灯泡通电的那一瞬,基本工作做到极致,灵感自然会在某一刻锦上添花,对这某一刻的等候将会长久磨炼着我们每个人的心性,坚持,精益求精,对极致不懈的追寻,"工匠精神"自然显现。

要走好创新路,不守成,不迷信权威经验;有想象,于技能之上再摘星辰。迈入上大,同时迈向自己的创新路。

点评

读后感最忌讳对着原作搞摘抄加粘贴,看上去内容满满,其实只做了抄写员。读书有感悟,能把感悟提炼出来,最后将书中所述化入字里行间,不见痕迹,却又让人感觉到,那才叫读后感,即别人也要读过这本书之后才能知道你的感悟是什么,从何而来。这恰是这篇文章最明显的特点。

20 创新——隐藏的"基因"

⊙孙婕(管理学院 会计学)

创新能力人人都有,这是可以由历史验证的。中国古代四大发明、世界七大奇迹,近代的电灯、蒸汽机,现代的互联网都离不开人的创新能力。人类历史的前进离不开科学技术,而科学技术的产生正是因为人类的创新精神。所以说人类骨子里就有创新能力和创新精神。随着社会的发展,创新能力也不只和生活质量挂钩。创新能力强,科学技术强,国家软硬实力强;创新能力弱,科学技术弱,国家软硬实力弱。中国的强大需要中国的大工匠,科学家、工程师的创新能力。

中国古代的科学技术和创新能力在同时代中独领风骚。尽管近代的没落曾一度使中国陷入危机,但中国人骨子里的创新"基因"带我们走出困境,从一开始跟随西方的脚步前进,到如今一部分领域走出中国自己的路。中国人凭借创新精神达到一个新的高度。由此,中国的"基因"愈来愈强大。即将成为大学生的我们,更应该好好挖掘我们的创新能力。

创新最大的动力是好玩,这是许多教授探索和发明的动力。《创新路上大工匠》第二章所述无人艇的制造过程,涉及许多领域,如算法、仿生学等。一艘"小小的"无人艇上搭载了如此多的技术,势必遇到许多困难。创新就是把多种技术整合成一条条和谐的技术链。上大团队的成就离不开创新动力,从而才有"方法总比困难多"的事实。发明探索就需要这种好玩的动力。

创新到底是什么?我该如何理解它?这是我每次遇到创新类比赛时的困惑。一直以来我把重心放在了"创"上,以至于走入了一个死胡同。我曾幻想违背自然的秩序与法则去创造不属于这个世界的东西;我也曾想尽管许多东西都已被前人发明创造,但局限于初高中知识的我能否想到其他人没想到的东西并将其实际化。但在读完《创新路上大工匠》后,我醍醐灌顶,并感到我以前的理解是多么愚蠢。真正的创新重在"新"上。在第七章中提到的 Suzuki 反应曾在高中化学课本上出现,当时我疑惑其诺奖的获得,也惊讶于有科学家会在他人的基础上取得巨大成果。现在我稍许能理解了。他的获奖不在于其设计技术含量,而是通过一种新的思路,打破传统的原料有机镁、有机锂等,用更简便的操作提高了应用性,提高了化学家们创造先进化学物质的可能性。能打开新思路、给人新的可能性就是创新的意义。

还有一种创新是学会利用原有的思维模式和理论基础,尝试站在伟人的肩膀上看到新角度。2014 年 APEC 的主会场名为"汉唐飞扬"的建筑,它的灵感来源于一张 A4 纸。在建筑师手中折了几下,就有了"汉唐飞扬"的原型。折纸这门艺术简单到每个小朋友都会,但常规的思维模式停留在平面,所以从中获得灵感并实实在在地建造起来需要突破原有的思维模式。将折纸艺术和建筑融合在一起的"汉唐飞扬"让全世界看到一种恢宏敦厚、沉稳大气、富丽华美的中国风建筑。这就是创新的魅力。在中国传统文化中找到崭新视角,找到自己的文化自信是这栋建筑给我们带来的启示,也是中国人创新的优势。

如今,中国的创新需要做到应用。第三章所述由大数据的方法而制成的服装给我印象十分深刻。大数据对数据进行专业化处理,不再是仅仅存在于虚拟世界的"纸上谈兵",而是在生活实际中的应用。能够将各种理论上的分析变成现实,这就是应用。无论是课内还是课外所学知识,我们疑惑这些知识的用处,局限于把知识用于应试教育,却忽略了知识本身存在的意义。知识是为了应用而存在的。就像书中的一个关于陶瓷的故事，古人不知道材料的特性，无可奈何地试错，最终得到瓷。而如今的我们怎么可以还用那么愚笨的方法呢？当我们运用前人已经研究好的材料性质去做我们想要的材料，节省成本，提高效率不就可以追求更高的效益吗？所以创新不是为了创而创，更应该想如何为用而创。

科技作为第一生产力，需要上下游许多技术和条件的整体协同。即将在上海大学举办的"挑战杯"旨在推动高校科技成果向现实生产力的转化，为经济社会发展做出积极贡献。"产学研"合作已经是大势所趋。科技成果产业化离不开经济活动。在接下来的四年中，我与经济金融的关系将会更加紧密。能否以理论知识为基础，找到新的思路去解决问题，实现经济效益和社会效益的最大化，发挥隐藏在"基因"中的创新精神，这将是我学习的动力，也是我创新的原则。我深深地相信在创新这条道路上，中国的科学家和工程师们不会输给其他国家，而会走在世界前沿，铸就再一次的辉煌。

点评

这是一篇中规中矩的读后感，完全符合中学语文课的规范性要求，从书中案例入手，找到对自己的启示，然后联系自己的经历，说出一番道理，最后以自己未来将如何努力作结，基本上就能拿到该有的分数。有意思的是，这也正是本文作者在文章中批评的"应试教育"模式在作文中的体现。但就这篇文章而言，难的是作者的点滴醒悟。从创新并非都是"创"，许多时候"新"也同样有价值。再比如，从知识只是用来应付考试，转变为更应该用于指导实践。诸如此类的感悟，若干年后或许会引来自己的哂笑，但在今天真有可能是"醍醐灌顶"后的觉醒。至于"人人都有创新能力"的说法，除了用来给自己打气尚能接受之外，是有悖常理的。

21 守正出奇，前路漫漫
——读《创新路上大工匠》有感

⊙俞玮（翔英学院 通信工程）

创新之路漫漫，应守正出奇，创造辉煌。

创新的重要性不容小觑。从古至今，从东方到西方，中国古代四大发明的产生，中外政治体制与法律体制的不断完善，从阿基米德力学到量子力学，正是创新推动着人类社会的发展。

然而，随着科技的急速发展，中国乃至世界所急需的创新不再是更加精确的算法，或是一些方便人类生活的小发明。而是面对人工智能即将崛起的时代，世界观急剧变化并且能源日益紧缺的时代，我们人类须拥有的新的哲学态度，广阔而又新颖的科学研究方向。中国创新路上的大工匠更应努力达到这些目标。

创新如此重要，身为大学生应该有怎样的抱负呢？

我们应该清晰地认识到，每个人都有机会成为大工匠。在我小的时候，我对创新的理解是创造小发明。而现在，我认为它是一个更广的话题。创新是创造新的事物与理念，从而推动事物发展。创新不是发明家的专利。小自厨师，大至哲学家，都能在自己的领域寻找创新的契机。

创新不是天才的特权，万众创新并不是噱头。我们知道，科技是第一生产力。然而只靠少数的科研人员进行创新研究是不够的,而且容易受到部门、产业、市场的牵制。所以"万众创新"给予我们个体创新发现的机会,国家对创新的重视会让我们年轻一代不断向前迈进。

对于我们个人来说,创新是一种自我实现。有一句话是:"Stay hungry, stay foolish."而创新更需要把这种精神发挥到极致。在探索人生价值的路上,每个人都有自己不同的路线。对于即将步入大学生活的我们,有一点是不会变的,那就是完成自身的使命。而使命的完成必是苦中取乐,不顾一切的。在当今的时代,国家赋予我们大学生的使命是"继往开来,勇于创新,积极勤奋";上海大学赋予我们大学生的使命是"全面发展,求实创新,自强不息"。我们何不在社会的大步调之下,认清自身的使命,努力创新!

身为大学生,又应该如何实践创新呢?

从我自身谈起,由于我从小对各类电子设备感兴趣,在高中阶段也做过相应的研究。对张新鹏教授的《为"云"底下私密与开放的悖论解方程》与王国中教授的《为音视频传输立中国规矩》,我做了更为细致的阅读。我对张教授提出的创新方向产生了由衷的兴趣。他提及了一个并未受到很大关注,但十分重要的领域:密文域数据处理。这中间存在一对矛盾:"密文"代表着要加密文件,而传统的加密是将数据打乱;"数据处理"代表着要对乱码进行处理,并且要达到和处理原文件一样的效果。张教授对现在的并不完美的策略做了讲解,提出中国在此领域的地位、未来发展方向以及对于个人创新自我实践的见解。

张教授讲述的创新方向,是该领域相对空白的一点,也为我提供了一个努力的方向。"守正出奇,前路漫漫。"为了创新,首先我要在大学打好扎实的基础,而上海大学向我提供了这样一个平台与机会。

上海大学的校风是"求实创新",已有较完善的人才培养体系与知识和技术创新体系。钱伟长校长曾经说过:上海大学培养的学生应该掌握正确的思想方法、学习方法以及工作方法,具有发现问题、提出问题、分析问题、解决问题的能力,能够应对未知环境,成为一个未来的工程师、专门家。"求实创新"不只是上海大学所秉持的态度,上海大学也以各种形式鼓励学生积极地实践创新。上海大学设有多项奖学金:学业奖学金、单项奖学金,还有各类特殊奖学金与企业奖学金,以鼓励学生勤奋学习;海外交流平台,与国外顶尖学府合作,提供交流机会,为学生发展绘制蓝图;大学生创新创业训练计划,在导师指导下,通过实践,解决问题,成就创新;各类科创竞赛,鼓励科创精神,"煮酒论英雄",在竞争与比赛中,学生得以玩出更新的创新。不论是理念还是活动,上海大学都促使着学生在创新的路上守正出奇,在不断的实践中实现创新。

然而,在大学打好扎实基础,不仅要靠大学提供的平台,也要靠自身的意识。就像金东寒校长所说的那样:"在大学培养自学能力,学会自己读书学习,向他人学习,直面挫折,从中汲取教训,养成终身学习的习惯。"在大学,作为一名成年人,不会再有像过去学习生涯中的来自家长、老师的管教与束缚,靠的是"self-induced pressure"。

同时,我们也应认识到"前路漫漫",创新不止于大学。要解决创新的技术问题,在以后的深造中、在实践中解决问题,才能使灵感的"炸药包"引爆。作为通信工程专业中的一员,也许在未来的工作和实践中创新会是我的主导方向。这更要求我孜孜不倦地学习实践,站在巨人的肩膀上,在创新中挖掘自身的无限潜力。

在创新之路上,应时常告诫自己:"守正出奇,前路漫漫。"

点评

想法不少,引用不少,文章总体上有立意,也有个人见解,但表述过于任性,论断多于论证,跨度太大的东西随便扯到一起,也不加说明,是留给读者做自由想象?"创新的重要性不容小觑"之类的说法,放在今天的背景下,是否又太没有想象?"守正出奇"就是出现在别人没想到的地方。想到还能做到,方为今日创新之正道。

22 创新行者

⊙罗媛（社区学院 人文大类）

创新是一个民族、一个国家筑梦路上的路基、堡垒，为民族与国家插上腾飞的翅膀。在这条筑梦与逐梦的路上，行走着一群脚踏大地、仰望星空的创新行者，他们身上具有名副其实的能把对世界的想象变成现实世界的工匠精神。

在自然面前，人类是得保持一颗平凡、谦卑的心。但是，这平凡的人类疆土，因创新精神、工匠精神的存在而不凡；数以万计的平凡大学校园，因有创新精神的师生而不凡。没错，我赞扬的疆土之一就是中国，我赞扬的校园之一就是上海大学。我感到幸运的是可以加入到这股创新行者组成的时代潮流中去，把自己塑造成为一个终身学习、关注民族未来、胸有世界格局的创新行者。

创新是一个大概念，类似"道"一样可以统摄，涵盖太多，广而深，想且做。创新对于各个领域的人来说，动机源泉可宏大，也可现实或平凡，没有清晰衡量的界限。对于大多数科学家、工程师、文艺工作者、管理者等，创新其实是为了自我价值的实现，这可能会产生一个悖论：创新路上的大工匠们只为追求自我价值的实现，而置民族、国家于何处？有这样的想法就错了，你要想真正融入创新行者队伍的话,你可能会产生排斥感。请认真思量:如若国家、社会、世界不给你提供一个平台来支撑你;不给你抛出新的、富有挑战力的问题,让你有不竭的动力来解决问题,你何来实现上升到社会属性的自我价值?当然,平台、动力不一定都是好的。回到没有先进文明的原始年代,回到兵荒马乱的战争年代,回到起步探索时一穷二白、筚路蓝缕的年代,国家、社会、世界并没有给我们提供什么好平台、好支撑,但是依然有创新者,依然有拓疆者。靠的是自我的坚守,心系梦想、民族与国家。

以国家所需为己任的态度、目标,不宏大也不可笑,它是心中的一面国旗,不朽、不倒。打开专业视野,提高学术境界,是各领域学者捍卫信奉的,也是我们学子应该秉行的。

在陈述完自我价值、兴趣、好奇心、问题等一系列创新的动力外,要做一名创新行者,还得清楚创新入门的问题:何为创新以及创新的路径。创新是创造从未存在过的事物?创新是留心观察重复的现象,进而探寻总结发现规律的产物?两者都是创新,就像发明与发现一样。"创新是人的本能",像是人人都有的一闪而过的思维火花,这就需要人足够敏锐,善于捕捉,足够重视,深入思考,且有准备。一闪而过的火花,如果不用外力干预,不累积,就成不了照耀千里的光源,更会熄灭!怎么干预,那就得论创新运用的手段。

创新路上路径繁多,最无争议一定要走的路肯定是独立自主的道路,开辟自己的新路;创新要找准源头,如同找准化学里的生物体靶点。弗罗斯特说:"林子里有两条路,我选择了人迹更少的一条。"创新行者、大国工匠应该具有这样的无畏与智识。科学技术、人类文化发展到今天,要想新,肯定要迎难而上,踏入无人区,才易寻得一番"世外桃源"的景象。比如,密文域数据处理领域是一块空白点,大数据时代,人们逐步有了隐私与安全意识,但其背后的便利与管理是我们很少想过的。

当然,创新路上少不了借助外力获取资源,并加以综合利用,例如站在巨人肩膀上,"保持对前沿领域的高度敏感""从领域尖峰人才的思维、视野、经验和教训中获得启迪";创新需运用"杂化"思想,集天下英才而用之。将国内外资源对接,产生全新的、兼容的、精进的资源与技术。此外,创新需要有破有立。一则需要打破固化思维及应用方法,追求效率带来的效益。传统的"试错""偶遇"等研究方法已经不入时了。"材料基因"作为创新的一种方法、策略,值得创新行者学习和借鉴。二则也需要裁剪和重组。重组的过程会产生新的思路,进而提出新设想,为创新创造条件。这是一种微创新,也是一种旧中尝新。创新有时也需要运用类比法这一常用科学思路。模仿肿瘤细胞增殖快这类特殊调控机制,"对人工培养的心脏干细胞的基因进行特异性修饰,来提高其生长速度"就运用了这一方法。

协同创新,推动产学研一体化才能实现共赢。在科学研发与市场价值的衔接和转化中,要有合作、交叉、互联互通的思维和格局,不仅要做成线,还要做成网。梧桐树上凤凰栖,着重优化创新环境,加大政策倾斜投入,"城市的核心竞争力和发展潜力有了,建设科创中心就指日可待了"。当然,还要突破知识产权的瓶颈。拥有自主知识产权,掌握核心专利是关键,同时"建立共享专利池",将知识产权与实际产业的对接起来能在全球化中较为公平地竞争和形成一定的优势。

当下,大数据与人工智能是热词。如今,数据是资源,人工智能是未来的研究大流。一个是资源,一个关乎未来,都影响着文明的发展,又怎能不火?对于人工智能(AI),已经出现了两极的观点。我憧憬李开复所描绘的人类与人工智能的蓝图:"人工智能将帮助人类完成多数重复性工作,它所带来的巨大悬殊,则由充满了人性光辉的机会来弥补。"只要人工智能不被开发成拥有人类爱与反思能力的超级智能,不落入放弃人性本质的人手里,它依然是人类智能的良性辅助工具。任何时刻,请不要选择屈服,请不要放弃人性本质。

有创新的地方,就会迸发出生机,别具吸引力。《创新路上大工匠》这本书的书名在我看来甚是巧。我理解有两层意思:创新路上的大工匠;另一层是行走在创新路上的上大工匠。为何要叫"上大工匠"?上大的教研人员把学术研究落到了实处,落到了应用上;将成果转化在产业化的发展之路上。他们是一群掌握核心技艺、追求卓越、坚毅驻守自己领域、迎难而上的工匠。他们是在实干与行动,而不是坐而论道、发发学术论文的学者。他们心系学校、国家,不断学习与总结自己领域发展的不足之处,找到差距后,目标瞄准进一步需要突破的方向,然后行进。他们的学术成果让师生、国人有了更多的文化自信,相信中华民族一定能在创新路上由追逐者成为领跑者。

虽然还未迈入上大的门,但学校已将这本《创新路上大工匠》同录取通知书寄到我们的手边。学校良苦用心是为了引起我们关注,将"创新"根植入我们的血液与肌体之中。这是一个大学生,也是一个要步入社会的人要拥有的本能与品质。未来我的学习、生活和工作与人文科学分不开。人文科学蕴含着逻辑、知识系统与理性。人文不是简单的顿悟,不是禅就可以概括的,人文没有专门的代名词。未来在上大的四年抑或是四年后,我首先要养成终身学习的习惯,这样才能与时俱进,适应变化,迎接挑战。要做一个处变不惊的创新行者,那得胸中有"笔墨",才可书写"华章"。学得专,当然是基础,也是首要。但是跨学科协同发展的思维和能力更是不可少,这往往是获得更多机会的关键。人人都会为自己的未来规划蓝图,但是自律、严格去实行且坚持到最后的,恐怕寥寥无几。或因外界,或因自身,诸多因素,一言难尽。在这四年里,我想让自己成为自己尊重的人。那不多的写作兴趣,坚持下去,到四年后回顾,思想总会有一点深化、成长,笔法总会有一点进步;那未触及过的人文科学领域,钻研下去,打好扎实的基础;那未见过的人、社会、国度和世界,观察和学习下去。不忘初心,精进前行,做一名行走路上内心平静而愉快的"创新行者"。

点评

提出了不少个人的想法,比如跨学科协同发展和个人成长规划,很好,也批驳了不少除了自己,没有人会提出的想法,左右手互搏,如此行文风格,或许好玩,但不足取。文章给人强烈的意识流感觉,似乎没有时间停下来稍作整理,便已"一气呵成"。创新需要天马行空,但只有行空,最后可能落空。

23 习创新之质，尽工匠之职
——读《创新路上大工匠》有感

⊙ 王任如意（经济学院 金融学）

创新，这个大家挂在嘴上的词语，其内涵、精神却鲜为人知。还有的打着"创新"旗号，做着一些非常规之人之事。作为一个金融专业的学生，我最先关注到的是目录中的"大数据"。在现在乃至未来，大数据元素已经渗入我们生活的每个角落，推动着我们时代的发展，带来更多的便利与改变。"大数据"在我的专业领域也得到了更多的应用。虽然我现在还没有进入象牙塔中学习收获，作为一个门外汉有很多疑惑，但是我知道它与人类未来的发展有着不可分割的联系，这让我更有兴趣去深入了解学习。这本书中《大数据需要大思想》一篇为我解答许多，让我对大数据有了初步的了解，也让我对创新精神有了进一步的认识。

在打开这本书之前，我的心情可以说是困惑并沉重的。原本以为会读之拗口生涩的内容，却是如此的平易近人、通俗易懂。在轻松之余，收获的远比看长篇大论多得多。或许这也是大工匠们朴实无华、贴近生活的一面吧，并不是在云端之上，高高在上得令人仰望战栗，而是大隐隐于市，以质朴有趣的话语说着了不起的事情。

一直以来，我都把发明创造新的事物与创新画上等号,认为只有具象或者抽象中的制度才能够创造革新。所以有个疑问困扰我许久:金融,这个虚无的看不见摸不着的东西,又怎样做到创新?需要创新吗?

原来,创新对每个人来说都有不同的理解。创新就是简单的"好玩"——对新奇的渴望。做之简单,却又复杂。正是因为有了好玩的想法,付之于行动,开拓出新的领域、项目,就变成了创业。对于经济金融层面来说,一个新的创新概念可能带来无数的价值,却不花费一分钱。可以说是没本的买卖,并且可以"无"本万利。原来提出新的经济指数,本身也是一种创新,更不用说近几年风靡的"共享经济"的概念了。可见创新对于经济金融领域的重要性与推动力。只有在平时生活学习中,做到多观察多思考,敢玩敢想,也许才会有不一样的收获。只有迈出了这一步,想象才能转为现实。

另一个令我关注的是大数据方面,通过阅读挑选礼物这一个案例,让我再次感叹于它的神奇与实用。大数据似乎已经无所不能了,但总有局限性需要加以完善。数据,作为这个世界的新资源,已然是宠儿。当"阿尔法狗"击败世界顶尖的众多棋手,我们不得不感慨于人工智能的强大,甚至有了人工智能超越人类的担忧。人工智能和大数据可谓是相辅相成的关系了,未来社会中数据的重要性不必多说。中国在数据层面,以规模取胜,位于中游之位,并有从量变转为质变的创新模式。我们有摩拜单车、华为手机这些先驱者是不够的,我们需要更多的、千千万万的先驱者一起同行。创新路上,大工匠就是我们需要的,我们需要那种精神,我们需要那种信念。创新路上的工匠,与工匠精神有异曲同工之妙,可以说是更上一层楼。并不单纯地只是继承前人的手艺、埋头于自己的事业,更要发展,向前向远看,有所改变,有所创新,是动态而非静态。这就要求我们对外与他国交流、对内自身不断积累。成为大工匠的路途固然艰辛,但是我辈义不容辞。不能光是喊喊口号,须有实际行动。

这本书中的每一章都让我对该领域有了更多的了解、更深的认识。每位作者都用他们丰富的经验、严谨的态度、创新的精神、朴实的文笔,向我描绘了无数的蓝图。我对他们充满由衷敬意,正是因为这些创新路上的工匠的存在,我们的祖国才能够更加强大。

习创新之质,尽工匠之职。如前言中所说,这本书给我展示的不是个人、不是群体,而是让我对无数的大工匠有了更深的敬意。他们以他们的精神、人格、信念,为我们开创了更美好的未来,用创新精神将想象化为了无数的可能性。大工匠是中国梦的需求、是中国道路的需求、是文化自信的需求,更是我辈的毕生追求。

点评

开首便是错句,替你改了,接着又是语义含混,容易给人留下不好的第一印象。大学生不应该犯小错误,大错误反映能力,小错误反映素质,对成长中的大学生,素质比能力影响更加深远。带着困惑看书,是一种良好的习惯,不容易犯困,还可以有更多收获。金融创新是不是"无本万利",还需要论证,因为宇宙有"能量守恒",人世也有"利润守恒",你或许"万利",别人未必"无本"。

24 用万众之思谱写未知蓝图

⊙胡佳怡(悉尼工商学院 国际经济与贸易)

7月25日,是我怀着激动的心情收到上海大学悉尼工商学院录取通知书的日子。夹在"喜包"里的还有一本名为"创新路上大工匠"的书。上海大学过去在我眼中是一所综合性大学,却竟将"创新"为题材的文章装订成册作为给17级新生的第一份见面礼,又把"上大"二字别出心裁地镶嵌于书名之中,可见校方心意十足。手执此书,不由得心生敬畏,带着几分好奇,我屏气凝神地读起来。

一直以来在我心中对"创新"二字并没有一个明确的解读,只觉那是一个从无到有、从虚到实的奇才专享的过程。然而,当我在这字里行间跟着教授们的脚步由陶器时代走向了瓷器时代,看着中国科技由创新副战场走向无人区,由中国之国运看向美俄之高端科技、日本之工匠精神、英国之规则意识……我渐渐意识到自己被领到了一块树林荫翳的创新沃土之上,渴望着透过层层树隙看到那一缕缕耀眼的创新之光,好让脚下的沃土有一丝孕育创新之果的用武之地。此时此刻,作为上大人,创新于我而言的定义不言而喻——用万众之思谱写未知蓝图!

所谓未知蓝图即言创新之果。就本书第八章而言,超导技术的研究是基于国际领先资源得不到、生产规模达不到、生产成本不足、实际运用困难的不利大背景下展开的,蔡传兵教授经过十多年的锤炼方在技术运用方面逐渐取得各项突破。而研究新型超导材料之初困难重重,蔡教授又怎么会想到超导带材会走上产学研一体化的道路呢?

确实,创新之诱人有时恰在成果之未知,而从生物研究的六大基本步骤——提出问题、提出假设、设计实验、实施实验、得出结论、再提出问题来看,假设结果恰是许多学者、教授探索创新未知的手段之一。这不由得让我想到了本届高考语文作文主题,恰为"预测"二字。在创新起步之初,预测可以让研究者将创新欲望转化为实物,继而拥有最原始的创新驱动力。然而,创新之路漫漫,仅凭借这股原始力量,是难以为继的。

在本书第二章中,罗均教授向读者娓娓道来了由上海大学教授和学生组成的团队研制独立作业的无人艇"精海1号"的过程,叙述了人类的创新是如何转化为机器的灵性的。尤其是无人艇模拟海上作业却被武警官兵当作违法不明船只围追堵截,活生生上演了一出"猫捉老鼠"的那一段,看得我忍俊不禁,这一出未经"彩排"的戏无疑是让"精海1号""现身说法",展现了其避障灵活性,也证实了"无人胜有人"绝非虚言。反观这一研制过程,用年轻工程师的话来说,无人艇的研发驱动力在于把不同领域的很多元素按照不同方式重新组合起来。而从一个旁观者的角度来看,无人艇的成功离不开团队智慧的结合,即智囊团的力量。当众人为了实现同一个明确的目标,本着和谐精神进行通力合作时,人们的智慧就能得到结合,从而获得了创新必不可少的驱动力。正是因为有了元老们的掌舵,"小白"的创意和活力,"精海爸爸们"才有了"精海号"这样出色的孩子!

我们所熟知的亨利·福特在事业起步之初面临着穷困与无知的羁绊,而在25年后,他却成了美国最富有的人物之一,而事实是,这一切都是从他和托马斯·爱迪生成为朋友后开始改变的,由此可见大脑的友好结合可以产生异乎寻常的伟大力量。

拿我校悉尼工商学院学生会的素质拓展部来说,它也正是借着智囊团的力量,下设的策划、外联、宣传、总务四个部门群雄并起,使得部门的创新理念与严谨之风相得益彰,让作为新生的我不由得燃起满腔热情,跃跃欲试!因为我明白,即使离开了学校,踏入了社会,归于日常生活,任何一笔可观的财富的聚积都不可能仅凭一己之力,否则只会囿于知识面的局限和资源网的不足。

然而"众人拾柴火焰高"的热闹场面绝不允许"以次充好""滥竽充数"的假把戏,"真材实料"应当离不开"万众之思"。如若将思考看作一个过程,那首先就应思考自己的目标是什么,无论是一个亿还是一顿饭,都总比做一群无头苍蝇好。接着,有了明确的思想冲动,就该决断实现方式,此时机遇和困难往往相伴而生,那么,之后就应思考解决办法。实际上,看似遥不可及的目标往往在你放弃的后一秒就有可能被实现,而对坚持与否的抉择与思考恰恰是你最后能抓住的那根救命稻草。心想就能事成,这句话其实不假。正是那不达目的决不罢休的决心和毅力,让年轻的巴恩斯取得了与爱迪生共事的机会,让"爱迪生制造,巴恩斯安装"永远地留在人们的记忆里。

其实,我们人人都能获得巴恩斯所拥有的那笔财富,那便是思考的力量! 而这也正是我从上大教授的发明中所感受到的,他们不图一己私利,不逞一时之功,兢兢业业地担任着"掌舵人"的角色,惊涛骇浪又算得了什么,他们载着年轻的"船员"迎难而上!

不知不觉,命运让我搭上了这趟为期四年的航程,朝着自己理想的未来扬帆远航。生活因为有了坚定的目标而矢志不渝,而这本《创新路上大工匠》教会我的思考创新也将始终伴随着我,指引我以敏锐的眼光观察和思索这个未知的世界。

点评

有所阅读,有所思考,也有所表达,其中确实有些自己的观点,并能把书里和书外的案例相互结合,拓展思考的空间,很好。如果能让两者的联系更合理些,效果会更好。从高中到大学,写文章的一大变化是语气会更平和些,没有依据或自相矛盾的表述,会少一些。期待你的进步。

25 创新上大，我和你

⊙刘晓雅（社区学院 人文大类）

曾读到过这样一段话：人所拥有的知识就好比是一个雪球。雪球以外则是人所未知的世界。随着年龄和阅历的增长，雪球会越滚越大。同时，雪球的外表面也就越大，这代表着人们对未知世界的接触面也会越来越大。如此一来，人们对自身所拥有知识的欠缺和局限也就有了更清楚的认识。然而对于这一认识，有的人会选择故步自封，在安乐的现状中苟且着。有的人却充满着对外求知的欲望，有了求知欲，对未知世界的探索也就愈发有了动力。能够将探索、创新看作一件新奇的、好玩的事儿，对创新充满渴求，正是我看到的上大人所具有的一种品质。

创新，是思维的创新、理论的创新、科技的创新、人才的创新。当创新成为一种趋势，当众人都在努力向前奔跑，那么，你自身的停滞便也成了一种落后。选择创新，不是选择了一场冒险，而是选择了去勇敢面对。哪怕是天寒地冻，路遥马亡，你却只顾风雨兼程，且歌且前行。这是何等的魄力！

明白要创新，更要去创新。

"创新是创新者的命。"犹如耕作收获是农夫的命一般，创新本身也就是一场耕作。你看，创新者的学识不正如那农夫的经验吗？好的农夫知道观天时看地利，知道何时适合播种、何处适合耕种，看作物的长势便能知道下一步的农事应如何安排。他的地就犹如他的一盘棋，每一步都有着每一步的精彩。所以，要想成为一名合格的创新者，必须有一定的学识厚度和终身学习、学无止境的态度。

当然，巧妇难为无米之炊。优良的种子、肥沃的土壤是作物拥有良好品质的必须。在创新过程中，创造本身所具有的价值以及社会对于创造的重视程度会对创新成果的质和量有着重要的影响。试看同处于一个时代的清朝和西欧，一个急速落下，一个缓缓升起。谁又能说西方的进步与其社会对于人类创造抱有的尊重态度以及不与"稻粱谋"的态度无关呢？

当这一切具备，有了丰富的经验、优良的土壤和肥沃的土地，农夫还是要不断地去浇水、施肥、松土、除草……样样都是少不得的。但你应该知道，即使你获得了大丰收，若是当年的市场刚好不需要你的成果，那便极易烂在地里，空留一声悲叹。因此合格的创新者也应该有一个良好的心态，就像我们都知道的，每一项伟大发明的背后往往是千百次的尝试、千百次的失败，能接受失败、面对挑战，才会迎来成功。如若"小也有小的难处"的无人艇研究放弃挣扎，如若机器人技术就此放弃，如若"化合物库"的建设望洋兴叹而止步不前……如果在难处、失败面前趴下，就很难再站起来了。

要创新、去创新，谁都可以创新。

很多人常常将创新者与科学家等同起来看待，认为创新是科学家的专利。但试想一下珍妮机，这个推动了第一次科技革命的伟大发明，它的发明者却是一位纺织工人。我们应当明白，这是个大众创业、万众创新的时代，与其说科学家是创新者，倒不如说创新者是科学家。只要你想，只要你做，无须担忧，大学生也有自己的不可思议。你知道的，创新本身已是为创新者加冕。

在科技大爆炸的现在，创新是否已经接近尾声了呢？

创新，早已是生活中一个最常见的词语。可是，从衣、食、住、行上看,好像都已经要接近极限了,哪里还需要创新呢?其实,社会愈是发展,科技愈是进步,人们愈是发现一切都还远远不够,一切都还可以创新,一切都还需要创新。《创新路上大工匠》中有一句话:"取代美国最容易,德、日次之。取代英国最难。"

是啊,科技进步的确重要,然而更重要的是思想的进步、思想的创新。像"一带一路"的提出,带动的不仅是中外商贸的流通,更是人才与科技的互利共赢。很多时候,一篇文章、一句口号所带来的力量是最先进科技也无法实现的。在科技不断进步的当今,文化的发展更像是科技创新的铠甲。如:知识产权相关法案的完善,优秀传统文化内涵的挖掘,生态观念的推广……尽自己最大的努力避免让《摩登时代》变为现实,成为一名筑造文化铠甲的良心匠人,正是我对我自己未来的期盼。

打开书,认真地翻阅每一章,我知道,我是幸运的。因为我的上大教给我的第一堂课叫创新。

点评

一门学科就是一个世界,人文学科包括语言文学专业的学生,从一本讲述创新的书中看到的,全是人、生活,还是文化,所谓"见仁见智"莫过于此。大学生的人生是丰富的,大学生的征文在内容和主题的选择上也必须是丰富的。文章中有许多正确的话,只是被人说了无数遍。试着说些自己的话,没人说过的话。

26 以创新之名

⊙孔东宁(社区学院 理工大类)

  从古至今,创新都在人类文明发展的进程中发挥着举足轻重的作用。因为创新,原始人类发明了简单的工具,渐渐地进化成文明人。因为创新,先人实现了诸多科技上的突破,使古代中国在几千年间科技水平遥遥领先于世界。因为创新,才有近代科学理论的一次次突破和工业革命,从此人类的生产力实现了质的飞跃,现代科学技术日新月异。

  如今我们生活的时代已不是科技发明几百年如一日的古代,与之相反,科学技术的更新换代是飞速的,我们仅靠原有的知识已无法跟上这个时代,唯有不断地学习、不断地创新、不断地进行技术革新,才有可能在这个弱肉强食的社会上有自己的立锥之地。

  上海大学在科技创新上的努力可谓是有目共睹。尽管建校时间短,在几代上大人的不懈努力下,科研方面也已硕果累累。拜阅《创新路上大工匠》一书,我感触颇深。书虽不厚,却讲述了数位科学家、教授多年心血凝结成的科研成果,纵使因为知识产权等种种原因,吾侪只得以窥见一隅,亦足以使人喟叹。值得留意的是,尽管书的各个章节涉及不同的领域,描述的机理迥异,做出成果的又是不同的科研团队，然而在讲到创新时，教授们给出的答案却如出一辙。

首先，创新是出于内在的动力，而非外界的压迫。创新在某种程度上关系着个人价值的实现，这种个人价值的实现带来的满足感，是其他任何回报无法比拟的。个人荣誉是精神上的需求，而马斯洛需求层次理论的最高层次即为自我实现，超越生理、安全、情感和尊重。除了精神需求，创新也来自社会需要。人的属性在本质上是社会的，所以为满足社会需要而做出的努力，本质上是出于科学家们的社会责任感和来自社会的荣誉以及对其的尊重。在这一过程中，创新起到了解决问题、推动社会发展的作用。因为创新是出于内在的动力，所以创新者精神上的愉悦是成就创新的必要条件。大英博物馆的研究者曾经试图弄清埃及金字塔的建造者是什么人，本以为这些做着苦力工作的人应该是奴隶，但是被发现的一些写着诸如被蝎子蜇了而要去医治的请假条，却说明他们是自由人。这也佐证了创新需要身心愉悦。创新不是被动而是主动的，创新不是勉强而是积极的探索。如果仅仅将科研当成一种工作，将创新当作一项任务，创新又从何说起？

其次，创新需要恰当的文化背景。诚如顾骏教授所言，在哲学、古典文化日渐式微的当下，人们逐渐完成了从解释世界向改变世界的转变，科学家将代替哲学家思考人类终极问题。这样说虽为时过早，我们却不能否认科技在现代社会中正发挥着越来越重要的作用。从文化方面反思、比较中国与西方的科技发展，固然是一个新颖的角度，但不无道理。在视儒家思想为正统的古代中国社会，重视培养人文素养，倡导"文以载道"，而那些最早的关于科学的探索却往往被视作旁门左道，被归为"怪力乱神"一类。王安石变法的失败让中国失去了改变经济体制的机会，明清时期愈加严厉的闭关锁国政策阻断了中西方的文化科技交流，使中国错失了大航海时代原始资本积累的机遇，而文字狱则不仅阻碍了新思想的诞生，更是阻碍了资本主义发展的萌芽。直到清末的洋务运动，科学技术在中国才有了真正意义上的发展，现代的改革开放也为科技创新提供了肥沃的土壤。应该说，文化、政治的背景或多或少地对科技创新产生着影响。

创新除了需要良好的文化背景,还需要良好的制度、管理、政策。从国家层面而言,国家的支持体现为完善的制度、有序的协调和监管。恰当的扶持和激励政策有助于创造激励竞争的文化,在全社会形成创新的氛围。政府既需要提供大型设施、服务、场地等公共平台,又不能过度干预,更应该发挥市场的重要作用。因为创新不是空中楼阁,不是天马行空的想象,创新往往带有目的性,也是面向市场的。通常情况下,创新是由问题驱动的,一个问题引起了人们的好奇,这种好奇使科研工作者去寻找解决问题的办法,让成本最小化、方法最优,从而推动技术进步。从高校层面而言,科研创新者的工作氛围应该是宽松愉悦的,科研机构之间的人才流动也应该是相对自由的。过度的考核、指标很有可能扼杀创新的活力,为完成指标而不顾质量的现象时有发生,殊不知创新的过程是需要人文关怀的,管理者对研究者的尊重和关怀也在一定程度上激励着创新。

　　在满足了这些外在条件之后,能真正实现创新的,须有坚定的信念,有锲而不舍的努力,有对他人经验的借鉴,有高妙的创造力,而最终灵光一闪的幸运可能只是水到渠成的结果。上海大学的无人艇从古代折纸中获得灵感,是对前人的借鉴;无人艇动力源不是螺旋桨而是喷泵,则是在探索中实现解决问题的目标。实践产生创新,王阳明先生的"知行合一"便是这样的道理。古代中国的工匠们在实践中发现了烧制陶器时的木灰可以形成釉,而光亮、均匀的釉面只能在高温中形成,这促使他们去寻找更耐高温的材料,进而有了瓷的发明。如此创新是一种经验发现,起源于观察,形成于假设,通过实验的反复验证,形成一般的经验或理论,再形成新的发明、发现或进一步推广到实践运用中去。

　　创新有时需要追本溯源、按图索骥的探索。譬如说,上大的科学家们通过分析、还原敦煌壁画被破坏的机理,即溶有盐的地下水渗入壁画,反复经历"结晶—溶解—结晶"的过程,提出针对性的保护方案,达到了保护敦煌壁画的目的。同样的,科学家发现骨髓间充质干细胞注射进人体之后不能使心肌细胞增殖却能产生效果,从而有了新的思考和研究方向,发现是旁分泌作用中的外泌体对治疗心肌细胞起到了关键作用。

　　创新的关键是"提出猜想"。肿瘤细胞、癌细胞无限增殖的能力，给了工程师们用基因调控让心脏干细胞不断分裂、变多的灵感，使心脏修复有了研究的方向。密文域数据处理通过叠加、对折的方法压缩文件，既满足了压缩的需求又满足了保密的需要。要"先想到"而后才有概念，提出猜想看似简单，实则困难，它要求科研工作者把握市场趋势，对时代潮流有深刻体察，才能提供解决问题的方案。

　　创新本身不只是物质上的创新，也是概念上的创新。创新要求我们不断制定新的标准，而不桎梏于过去。21世纪初期中国DVD影碟机专利困局促使了中国信源标准AVS的诞生，使得"中国技术""中国标准"一步步发展壮大。在环球产业链中，英国虽不占优势，但英国的重要性体现在整个产业链的整合中，为产业链制定规则、维持秩序。英国人认为GDP作为一个经济衡量体系，由于衡量的是实体经济，不再适用于"互联网+"的时代，已然过时，这种与时俱进制定规则的理念使英国在世界上掌握了话语权。许多西方的大学教授和管理者都不认为论文指标是必不可少的，对新奇的渴望才是做学问的境界，这大约也是一种理念的创新；"互联网之父"蒂姆·伯纳斯·李提出了"互联网免费"的概念，罗伯特·卡恩则创立了"信息高速公路"的概念，至今使人受益。

　　人们对创新总是怀有误解，仿佛一个新奇的主意，便能在短期内见效，使创新者很快腰缠万贯，功名利禄尽收。殊不知，创新在大多数时候都要求长期的坚守、长期无人问津的寂寞，"将冷板凳坐穿"。近年来，媒体上出现了越来越多的"高校毕业生就业起薪榜""十大最赚钱的专业"榜单，在许多家长、学生的眼里，读书似乎只是为了更好地就业、赚钱、跻身一个更加上流的圈子，而与"为天地立心，为生民立命，为往圣继绝学，为万世开太平"那样的读书人的精神无关。认真做学问的人越来越少，急功近利的人越来越多。媒体的误导，无非是对这个浮躁社会的反映，在泛娱乐化时代，就连文化娱乐都成了快餐式消费，何况是科研？确实，经济的高速增长、科技的飞速发展让这个社会变得越来越浮躁,但我们的身边不乏苦心孤诣的学者,纪录片《大国工匠》所展现出的工匠精神就依然令人敬佩、令人动容。

有关创新的探讨是一个开放性的命题,如何理解创新,取决于个人的立场、角度、经验、阅历、思维方式等。但可以肯定的是,创新是面向未来的并与每一个人有关。我们亲历的时代正在并且将会面对革新的风暴,这一风暴没有终止的期限,没有人能独善其身,每个人都有可能成为创新者中的一员。青年人常常立志要改变世界,走入社会后才明白现实的残酷,但无论大学四年之后的我们将会成为什么样的人,在我们拿着录取通知书、背着行李、抱着书本初入校园的那一刻,我们必定是满怀憧憬的。钱理群教授曾说:"在未来的信息社会,知识的更新、开拓是极其迅速的,人的社会职业也是在不断变化的,人在社会中所处的地位,人所扮演的社会角色,也会出现多变性和多样化的特点,因此,它所要求的人才,必须有极强的应变能力和创新能力。"也许我们未来的事业并不涉及最前沿的科技创新,但拥有创新思维无疑会让我们更有可能在变革的浪潮中获取先机。创新让我们把握时代的方向,探索崭新的、未知的路径;创新让我们思考人与社会,过去、现在与将来的关系;创新让我们将思想转化为行动,将行动转化为成果;创新让我们立足当下,着眼未来。以创新之名,迎接我们的将会是更加广阔的未来。

点评

这是一篇关于科技创新的宏论。平时有所思考,有所积累,再一读书,自然文思泉涌。让同学看这本书,写文章,其意并非局限于一本书,而是为大学四年的学习,为毕业后数十年的人生,开启一个窗口,外观世界,内省自己。你能从愉悦自己、文化条件,到制度环境,逐个讨论过去,将创新视为一个大系统,如此眼界虽然部分来自书中所述,但能一一找到这些散在的要点,也是认真读书、严肃思考的结果。想做一个有抱负的未来"文人",好。

27 响应时代潮流，实现"万众创新"

⊙张泰宇（社区学院 理工大类）

　　创新，顾名思义，是指以突破现有的思维模式，提出有别于常规或常人思路的见解为导向，利用现有的知识和物质，在特定的环境中，本着理想化需要或为满足社会需求，而改进或创造新的事物、方法、元素、路径、环境，并能获得一定有益效果的行为。从上述定义中，我们即可看出几个关键点：

　　一是要突破现有的思维模式，防止形成禁锢的思维怪圈。就像是从二维空间拓展为三维空间，使得自己的认识在层次与广度上骤然上升了一个台阶，刷新了人们头脑中的固有模式，为探索未知世界开辟了道路，这就是创新。创新，在某种程度上，是属于高级生物的属性之一，比如在松树下围成圈的松毛虫，永远只会跟随着前面的同类爬行，始终不知道另辟蹊径，最终全部饿死在树下，兴许临死之前也在懊恼为何走不出这个怪圈。动物如此，人也是如此，不会创新的人也只会重蹈前人的覆辙，而不会走出一条属于自己的生存之路。在"物竞天择，适者生存"的自然法则面前，他必将被淘汰。

　　不过在这里，就如张新鹏教授所言，关于创新，有两个不同的视角。一个视角认为，在冥冥之中有可能性，把它实现出来了；另一个视角是，事物本身无所谓存在与不存在，人把它创造出来了。大多数人可能会认为后者比较有道理，但就笔者而言，两者是丝毫不矛盾的，是并列关系。对于前者来说，有可能性就意味着合理，存在即合理，同样，合理也可能意味着存在。两者可以看成不确定关系下的充分必要条件，因此，天马行空的想象才会带来乐趣。所以说，创新，并非一定是无中生有，也可以是原有道路上的修正与改善。类似于基因工程中通过对基因与蛋白质的修饰，达到治疗疾病的目的，这里的"治疗疾病"即可代指解决人类生产生活中遇到的问题。况且，我们人类这种生物天生就具有修正自身行为目的的能力：正常人在走路时，步幅之间存在微小的差距，按理说长时间的运动后我们会走出一个圆，但这种情况并未发生，实际就是眼与脑相协调的结果。在精神层面的创新上，借鉴前人经验与老方法同样无可非议，只要不是照搬照抄，就必然有当前时代背景下的衍生意义。再说，古法新用绝不等同于旧事重提，也许原理再简单不过的老法子可以解决当今过度依赖科学器械的人们百思不得其解的难题，这便是创新的另一种思路与魅力所在。

二是在具有一定知识储备的前提下，受到某种特殊的刺激，从而激发出了灵感。就像顾骏教授所说的那个著名的笑料，就算普通人被苹果砸死，也绝不会想到万有引力定律。牛顿灵感的激发，得益于他敏锐的观察力与爱动脑的优秀品质，绝不会单单是那个苹果的功劳。因此，在日常的学习与生活中，不要总是问：为什么这种新奇的想法别人想得到，而我想不到，而是要趁着这个兴趣被激发的时候，多去读一些书籍，多去请教一下老师同学，可能对于我们这些初入社会的大学新生更有帮助。我非常赞同金东寒校长所说的这段话："大学生在学校里最重要的是培养自学能力，学会自己读书学习，善于向他人学习，能够直面自己的挫折与失败，从中汲取教训，养成终身学习的习惯，只有这样，才能与时俱进，适应形势的变化，才有能力应对面临的各种挑战，最终为国家、人类贡献有分量的创新成果。"不错，在当今纷繁复杂、国际形势多变的社会里，保持这样一种终身学习的初心与对科学技术的赤诚之心,相信总会有一天,灵感会源源不断地喷发出来,助力我们个人与祖国的成长与发展。

三是能获得一定有益的效果。也就是说,创新是有意义的,而不只是存在于空想家的头脑中。但若是只对少部分学术研究有益,却对改善未来人们的生活质量无明显作用,也可以说这样的创新是失败的,抑或是不能称为创新。这里就涉及创新的四个层次及其内在的逻辑关系:思想是源头,扩展和论证之后构成理论,理论指导原创技术开发,技术在运用过程中刺激了技术本身的改进和创新应用,最终目的是实现产业化。这一点我非常佩服上大的各位科研前辈们,对于纳米材料与技术的研发十分执着,在美日韩等强国的竞争压力下,并未自暴自弃,也没有囿于核心技术的缺陷而像某些国家的研究机构一样满足于在实验室里发表一些学术论文,而是亲身实践,敢闯敢拼,与法国的"依视路"等国际知名机构展开合作研究,实现共赢,如此方可称为真正的知识分子。

当然,只有为民众谋福祉的赤诚之心还不够,国家现在还急需一批像我们一样勇于探索的年轻人,进行一场从下而上的制度改革。诚如李克强总理在提出"万众创新"方略时所说:"创新不单是技术创新,更包括机制创新、管理创新、模式创新,中国三十多年来改革开放本身就是规模宏大的创新行动,今后创新发展的巨大潜能仍然蕴藏在制度变革中。"比如现在上大的技术研发平台+专业化人才模式,以及上海大学高新科技园区与学校本身两位一体的协同发展体系便是很好的思路,可以由内而外地激发新一代人的科研兴趣与创新思路,更可以激发普通民众的创新热情,为早日实现"万众创新"战略奠定基础。我坚信,我们上大人必将完成各领域产学研一体化,推动我国高新技术发展的重要任务。

最后,笔者想谈一下关于创新的动力问题。就如老师们所说,创新是为了享受成就面世时的喜悦与感受生命境界的不断提升。这种超出个人格局的大情怀催生了源源不断的创新源泉。但我还想补充一点,我们的理想与志气更决定了创新的格局有多大。年纪轻又有何妨，正是搏击长空的青春韶华，就像"精卫爸爸们"带着他们的无人小艇一样去探索海洋，在风暴中走向成熟与坚强。正如李白在《上李邕》中所写："时人见我恒殊调，闻余大言皆冷笑。宣父犹能畏后生，丈夫未可轻年少。"愿自己可以成为一名合格的上大人，也能成为一名创新路上真正的大工匠。

点评

能找到书中最有价值的部分，是阅读能力，更是读者灵性的表现，值得赞赏。与作者对话，借题发挥，发表自己的意见，也是很好的阅读和写作方法，能激发独立思考。但前提是搞清楚别人在说什么，尽量避免理解有误，否则不是显得别人所说多余，就是显得自己轻率。大学生最可贵的是稚气，因为代表着成长，最可怕的是老气，因为反映出过早固化，"笔者"之类的用语是否值得效仿，可以再想想。

28 爱创新因为我爱玩
——《创新路上大工匠》读后感

⊙ 邹越（社区学院 理工大类）

先谈谈读这本书的感想。

我非常喜欢读这本书，非常非常非常喜欢，这本书概括起来就是"长知识"三个字。虽然读前言的过程异常艰涩，大概是社会学教授的话深奥而辩证，但是其中的章节，正好符合我兴趣爱好广，尤爱读科学类文章的特点。"无人艇""心脏复苏""化学家的乐趣"等关键词牢牢地抓住了我的眼球。最先读的是机电工程与自动化学院罗均教授写的关于无人艇的章节。这个章节一上来就给我营造出一种清新脱俗的大视野。学理工科的人讲话直，但不枯燥。开场作者就描绘了一次非同寻常的"演习"，让我对上海大学研制的无人艇有了全面的认识，生动更有趣。再从上大研制无人艇的初衷讲起，如何一步步走来，从接到了世博会水下安保的任务，再到接到上海海事局的任务，娓娓道来。最后展示了无人艇团队的研究过程。上海大学无人艇团队科研过程中展示的条理分明的风格，与我心中对于大学的向往十分吻合——能用着先进的设备，做自己的创新产品，把所有的时间投入其中也在所不辞，这完全点燃了我对于创造的激情。引用郭毅可教授的一句话就是"创新就是别人给我钱让我来玩"，当然，这是最高境界。

现实是只有自己有着别人认可的水平,别人才会支付给你钱让你去玩。

　　读完全书,了解了教授们的探索和发明,我渐渐地对"创新"这个内涵极其丰富的抽象词语有了具体认识。创新不只是创造新东西,更是要创造对人们有帮助的新东西,既要有帮助还要兼顾成本和可行性。创新之路也并非一帆风顺,而是要靠坚持不懈的努力。这怎么理解?就拿蔡传兵教授研究超导的例子来说,中国不是超导技术的强国,上海大学不是中国超导技术研究最有名的学校,国外团队对我们实行严格技术封锁,实验室条件又毫无基础,正是在这种困境下,对于兴趣的热爱,对于理想的执念,对于梦想实现的渴望,为将来的实现创新奠定了基础。蔡教授陆续解决原理、技术思路、设备等问题,甚至还赶往乡镇企业,或是飞往美国与制造商洽谈,不懈努力后终获成功。这份喜悦、这份毅力感动了作为读者的我——仿佛置身于其中,为了实现目标,蔡教授万般辛苦在所不辞,最终带领上海大学团队开辟独特的高温超导材料方面的研究路径,取得了成就,也取得了在国际上的地位。由此观之,做科研要有想法,有原理,有计划,可以从头开始,只要足够坚持,就能实现当初的目标。大学里的学习与科研类似,学习文化课也好,做项目也好,都要能够坚持,不然再多的理想都是空中楼阁。

　　再说说我从生活中得来的对创新的理解。

　　高一时我进的是上海市曹杨中学的绿色能源班(创新班),高一就开展过创新课程,测量过风车的一些物理数据,感受了科学测量法在实验中的运用。当时自己设计过一些小物品:小型吸尘器、防漏墨套、利用高铁隧道风清洗高铁的设想,等等。令我惊喜的是,我设计的一套电脑控制的LED灯自动分道系统,利用电脑控制的安装在路面的LED灯,可在高峰期充分利用道路的空间资源,将道路不拥挤的方向适当分一条车道给拥挤的方向,得到了拓展课老师和前来听课的同济大学教授的认可。关于高铁隧道风这个设计,还有位铁路局的工程师跟我探讨,虽然最后否定了我的意见,但是与大佬交谈的那几分钟,我的思想仿佛得到了升华,获得了许多经验：如何想得更全面,还有哪些前瞻技术是我所未了解的,结果上看最终是失败了,但在过程中我的学习和收获也让这样的尝试非常值得。创新既要有内在努力,也要有外在支持。内在努力在于创新的内容来源于生活,来源于渴望改造世界的想法,来源于自己的努力与智慧大脑；外在支持是要有足够的设备,学校的活动、氛围和提供的机遇,最重要的一点：是有一群跟你有着一样想法的"野孩子",不仅给予你肯定、鼓励,也着实是推进计划实现的中坚力量。

这个暑假我去外面做过一些兼职,当群众演员,去展会当协助者,还有去饭店打零工。一方面是为了赚点零用钱,更重要的一方面是学会吃苦,体会赚钱的不易。干这些活着实辛苦,我时常思考,若是人不去动脑子产生一些新想法,那么永远就只有干这些苦力活的命。创新是来源于生活的,是想在别人前面的新想法,但要先想到,就必须保持对领域前沿的高度敏感,要想改变目前生活中不方便的地方,创新才会应运而生。就拿我在饭店盛饭的例子来说,饭店里煮饭都是在一个大蒸箱里蒸几十个大铁盒的饭,而从大铁盒将米饭转移到客人的饭碗里时,就产生了非常大的浪费量,这点我需要去改变；我又联想到食堂每次都会将大量的剩饭剩菜直接倒掉,要是能将这些饭菜集中起来送给贫困山区的人们,就能起到巨大的作用,可是这些设想都还未实现,这些都需要用创新的眼光去改变。创新不一定是要做出某项物品,可以设计出一种新的模式,总之都是对人类有帮助。我曾想过未来的目标,不是拥有万贯家财,只希望拥有一个平凡的家庭。但我一定要充分体现出自己的价值,做出对这个社会乃至全人类有影响的事情,让这个社会记住我,赚钱只是顺带的事。

最后谈谈我所向往的大学生活。

古人说："活到老,学到老。"各个阶段的学习目标不同。在我看来,高中还是基础性的学习,而大学则是真正的学习,其意在学到真本领,以修身为根本目的。修好身,好好珍惜大学时光,青春不悔才是日后齐家治国平天下的重要保障,因此,我立志大学四年要好好度过。

积极参加社团活动,同时不忘学业。

对于一个有志向的人来说,大学我是闲不住的。我最佩服两个人:祝超,一个大学里就通过炒股赚到500万元的传奇人物;另一个是孙正义,大学时就获得了自己的专利,还卖给夏普公司,赚了100万元。我的理想倾向于后者,希望在大学里就用自己的专业知识做出一番事业,要是能搞点钱最好。此外,如同之前在无人艇项目里看到的那样,我想利用大学的平台做点有意义的研究。到后期自己本事成熟以后,自己设计项目自己做。

毕竟爱玩的人更容易做出创新之举。

总结一下,创新是最近流行的趋势,人们异常喜爱这个词,与之沾边也很有面子,但是切记不能眼高手低,要脚踏实地实现自己的价值。牢记创新的初衷,积累生活中的灵感,为日后的创新创业奠定基础。

谢谢老师读完我的文章。

点评

不谢,既然征文,你写了,老师自然读完。

能从阅读中得到激励,很好,能联想到自己的经历,加深体会,也很好,由此生发出自己的想法,更好,如果能把各种难题想透并解决了,"剩饭剩菜"说不定真会带来"均贫富"的效应。你会给文章分段,这很好,但为什么要让导演出来做主持人,告诉读者每一段的内容范围,而不是直接而清晰地用每段的核心意思做标题,让大家一眼就看到,并形成期待?写作需要有好的思维和好的习惯。希望赚大钱,这不是问题,搞清楚创新与创业的区别,对于赚钱来说,至关重要。创新需要坚持,但盲目坚持是创新的死敌。

29 创新,我在上大

⊙万小熙(社区学院 理工大类)

发展的车轮滚滚向前,留下历史的车辙,掀起阵阵烟尘。有的国家不思进取,被狠狠碾过;有的国家顺应形势,搭上时代的班车。是的,若想成为时代的弄潮儿,于经济全球化浪潮中"手把红旗旗不湿",就要不断创新,涌现出更多工匠。

工匠,有的精通一门手艺,如掌握祖传手艺的艺人;有的不仅体现着经济价值,更是国家的名片,我们称之为"中国创造"。

读完了这本书,庆幸我选择了上大——一个创新蔚然成风的高等学府。在这里,或许我也有机会成为一名大国工匠。

在书中我了解了上大的成就:无人艇,对大数据的利用,材料基因,复原壁画,构建化合物库等。最令我心驰神往的便是上大团队开启"无人艇时代"。

或许与我的专业有关,我对无人艇总是兴趣盎然,甚至会对书中的"精海1号",双体无人潜艇"小白"跃跃欲试,幻想自己有一天也可以加入他们的团队。这个年轻的上大团队接下世博会水下安保的艰巨工作,又将发明推广到测海图等空白领域,从大处着眼小处着手,令无人艇具备了感知能力、判断能力、计算能力，从而使无人艇在海上乘风破浪，在执行任务时履险如夷，在围追堵截时游刃有余。

另外吸引我的是团队的年龄结构和成员组成。70后、80后、90后，年轻人聚集于朝阳产业岂不是潜力无穷？都说成名要趁早，创新又何尝不是呢？不同专业的学生为了共同的目标汇聚在一起，在争论中突破，在突破中升华，就如同燧石摩擦迸发出耀眼的火花。厚积薄发后的灵光乍现彼此促进又相互交融，使得创新拥有无限可能。

良好的校园环境也为创新之花提供了温润的土壤。高等教育的目标不是培养千篇一律的书生，而是培养万里挑一的工匠。学校独特的鼓励机制和教师教授的大力扶持使得人才得以扬长避短，趋同存异。学术自由催生了具有创新精神的精英学子和领先优质的科研成果。我深信，在这里每一名上大人都有机会实现自己的创新梦。

记得一位无人艇团队的成员说过："创新的乐趣是在创新的过程中可以发现很多之前没有想过的问题，把问题解决掉最让人有成就感。"是啊，真正的工匠一定是为了热爱和责任去创造的，其中所经受的孤独艰难怎能用简单的名利衡量？但或许他们又是快乐的，就像"精海人"自称为"精海爸爸"一样，对创新单纯的喜爱使他们忘却劳累，水到渠成的成果背后是他们演变成享受的单纯坚守。

不久之后，我也可以步入校园实现我自己的创新梦，参与一个创新的团队，认识一群可爱的人。未来的学习里一定有我开拓创新的身影，与坚韧不拔的队友一同为爱好创造我们自己的成果。来到上大，使我有机会站在巨人的肩膀开启我自己天马行空的想象，在实践中获得真知，在思考中探索未知，从而获得全新的人生视角，开创独一无二的未来。

我在生活中的创新必定来源于细节处的一点一滴。创新需要灵感，更需要一双慧眼找到市场需求。因为在万众创新的时代背景下，国家可以有的放矢地投入资本，关注全局意义的科技运用，但创新靠的却是市场调节。创新作为科技发展的引擎比数量更匮乏的是质量。

在未来的工作中我亦不会放弃根植于心的创新思想。那时，我相信每一项研究成果都背负着投资者和社会的期望。当然,我们的青春,等待我们的未必都是金秋硕果,难免会有颗粒无收的境遇。但我坚信我不会放弃,不成功不代表不能成功,科研从不会一帆风顺,屡败屡战才是常态。

　　航入未知海域迷失方向才能考验一名舵手真正的能力,大国若想崛起又怎能跟在别人身后亦步亦趋?在别国封锁技术,挖苦我们是在他们筑好的路上行走时,我们怎能继续靠"山寨"度日?我们要创新,我们要走自己的路!创新的时代不单是 GDP 的增长,而更是中国制造领跑世界的光荣,是中国文化重回人类文明前沿,是工匠精神大放异彩的鼎盛时代。

　　来到上大,我愿为创新起航,乘风破浪。

　　创新,在上大,在路上。

点评

　　阅读这本书让你燃起万丈豪情,感染到所有看这篇文章的人,很好。如果能对书中叙述的人和事做更深入的思考和解读,或许会给激情更多的燃料。"航入未知海域迷失方向才能考验一名舵手真正的能力",这样的说法在文学作品中没有问题,但创新必须务实,倘若未来投身这项事业,你一定愿意多"航入未知海域",少"迷失方向"。

30 握住创新的手

⊙薛淑蕙（社区学院 理工大类）

"创新"是新，却也是老话题，人人都知道创新好、创新有利发展等，然而创新本质上是什么，我们为什么要学会创新以及该怎么做却是大问题。作为21世纪的青年、秉承创新精神的上大学子，我想我们十分有必要深入探讨一下这些问题。

创新，顾名思义，创造新的事物。工匠精神，是支撑中国制造业、科技发展的关键。当大工匠走在创新路上，中国道路将会走得更加容易，中国梦的现实性也会进一步增强。如书中所讲：中国需要大工匠，是世界时势所然。随着机器代替人类、人工智能赶超人类、科学引领哲学，人类失业率大大升高，人们在享受着自己创造成果的同时也受着巨大的威胁。但我们仍要坚持创新，问题是中国需要什么样的工匠。对于这点我十分认同书中的说法："创新而不只是守成，想象而不只是经验，动脑而不只是动手，思想而不只是技能，才是中国当下乃至未来需要的大工匠。"因为每个中国人都应该铭记苹果手机背后那行"Designed by Apple in California Assembled in China."。

中学的政治课上我们就学过：科技创新能力是衡量一个国家发展实力的标准，从联合国五个常任理事国上我们就可以看出。拿破仑在战争中保护工程技术学校的学子、中华人民共和国成立后国家在财政吃紧的境况下对科技发展的支持、中国高铁的推进……无一不说明了发展科技创新的重要性。对个人来说,创新创造能力是新世纪知识时代对人才的基本要求之一,会改变一个人的修养、思想以及命运,为一个人的成功带来机遇;对企业来说,企业运用创新的知识和技术工艺,采用新的生产方式和经营管理模式,提高产品质量,提高服务质量,才能占据市场并实现市场价值;对国家来说,要实现全面小康的奋斗目标,核心就是要把自主创新能力作为调整产业结构、转变经济增长方式的中心环节,推动国民经济发展,并把其贯彻到现代化建设各个方面,激发全民族创新精神,形成有利于自主创新的体制,这样就能不断巩固和发展中国特色社会主义的伟大事业。

  我了解到的首个上大创新成果是无人艇。上大的无人艇做到了"无人胜有人",竟能灵巧躲过巡逻艇,进行海上作业,完成测海图任务,并且为世博会的成功举办做出过贡献。更加打动我的是这些无人艇中有不少是90后承担设计,这些人就是我们的学长学姐啊,年轻的力量确是伟大的,这也确实唤起了我的信心。此外,数据科学研究所送给彭丽媛的披风又让我大开眼界,创新与创意完美地融合在了一起。在材料上,我更深层次地了解了陶与瓷的演变,了解了"材料基因"这一新名词,明白了"打好基础很重要,亲自动手很重要,两者结合更重要"。生命科学方面,各种"补心"技术让我对过去所学的生物知识进行了反思,将理论变成可实现的技术的确是一个难题。前辈们从癌细胞增殖中得到的灵感令我眼前一亮,也为我之后的学习提供了一个新思路。密文域数据的出现为云底下私密与开放的悖论解开了方程,同时我知道了在科研人员来看,创新源于"好玩",是为了完成一项漂亮的工作、感受生命境界的不断提升。化合而成的药物、超导材料的研发让我认识到了产学研的优越性与必要性。音视频技术将创新精神诠释得淋漓尽致。在充满设计感的纳米材料与纳米技术上,上大在应用方面的优势不可否认,专利数也十分可观,优势之下当然我们也看得到短板与差距并朝此方向努力。

　　最后,我们该怎样做呢?对国家来讲,最基础的一步便是坚持改革开放,坚持独立自主。改革开放对于中国的意义毋庸置疑,并且只有独立自主才能激发国民创新潜力。国家要重视人民大众的力量,充分动员各种主体的积极性,因为"科技创新只有通过千千万万的人买单,才有真正的生命力"。对个人来讲,无论何种创新,最后的主体都是个人,制定和运作国家制度的都是个人,正由于这一点,我们作为这主体的一部分,就应当动起来,积极响应创新时代的号召。作为一名大一新生,此时的我对将要来临的四年学习生活充满期待与信心,也一定会将创新精神真真正正落实到生活中。学习上培养自己的动脑动手能力,独立思考问题的同时学会与同伴合作交流,因为创意和发现往往就在头脑风暴中诞生;生活上学会善于观察、善于发现,学会灵活运用所学知识解决问题。主体的另一部分就是科研人员,科学家的创新能力是中华民族复兴所依赖的原创动力,在国家有力的保障制度下,科研人员应当充分尽其职责,轻视功名利禄,在真正的好奇心驱使下去完成工作,在家国情怀、实现自我追求的驱使下去完成工作。

　　总而言之,创新不应只停留在口头上,我们需要握住它的手,去把它落到实处。我也坚信,我们的大国工匠与工匠精神定会引领我们走向更加辉煌的明天!

点 评

　　中规中矩,符合应试教育模式下的作文套路。书看了,也有摘录,有自己的想法,夹叙夹议,尽可能将两者衔接起来,说明驾驭文字的能力不错。但要让"创新不只停留在口头上",摘录部分还需要挖掘更深入些,议论部分还需要多些真情实感。

31 我的上大我创新

⊙吴梦男（社区学院 理工大类）

对于我,一个刚刚高中毕业的准大学生,初读《创新路上大工匠》时,感觉十分生涩,毕竟创新对于我来说好像太过遥远。但是最终读完后,我对创新有了一个较完善的新认识,认识到创新为我校的主流精神,并深刻意识到当今创新对于我国的重要性及其战略意义。

《创新路上大工匠》是由我校顾骏教授主编、上海大学出版社出版的一本关于创新的书。全书共十二章：首章是顾骏教授提出国家需要科技创新以及阐述国家该如何对待科技创新；中间十章则是我校教授们谈论他们的创新路程及他们对于创新的看法和感悟；尾章是顾骏教授阐述他对中国创新的认识,并对未来的发展提出建议。

在中间十章我校各位教授的创新路程中,我深刻体认到我校的创新精神,且第一次直观地感受到科研的艰辛与不易,并为科研人员们应对问题和挫折所展现的勇气、智慧和毅力点赞。如在第二章所述关于无人艇的研究中,科研人员不仅出色完成了世博会的监测任务,且在国内无人测绘领域处于空白的情况下摸"黑"前进,克服一个个难关,最终发明关键技术。其中科研团队的年龄结构以及"老少"之间互相取长补短更令我印象深刻。在第五章中当"心脏工程师"在选择用于生成心肌细胞的干细胞的过程中遇到所选细胞不达标时,他们没有放弃,在分析原因后选择另一种干细胞继续研究。在第七章中当我看到药物研究人员研究出的药物能通过三期临床试验的只是凤毛麟角,我才意识到日常生活中那些药物的诞生是多么艰辛……从中我认识到科研和创新具有巨大的风险,它需要虚心学习的态度、肯尝试的勇气、团队之间的合作精神以及最重要的一点——扎实的专业知识。

此外,教授们进行创新的不同原因也给我留下了深刻印象。第一章顾骏教授的"八、让创新者愉悦"、第三章郭毅可教授的"一、创新就是好玩"和第七章许斌教授的"十、好玩的化学,好玩的科学家"都谈到创新是为了自我满足。因为"好玩",所以兴趣浓厚、心情愉悦,使得创新者在研究中会更加投入;因为想要解决问题,所以求胜欲望加强,导致工作效率的提高。而第六章张新鹏教授的"十、创新动力来自自我实现"、第八章蔡传兵教授的"十、创新动力来自追求走自己的路"和第十章施利毅教授的"十、在为别人解决问题过程中实现自己最大价值"则提到创新是因为想要实现自己的价值。每个人都有属于自己的价值,然而,通过创新,造福别人和自己,不仅实现了自己的价值,还使得自己的价值得以提升,远超众人,甚至使自己的生命境界得以升华。当然,创新成功会使科研人员名利双收,但是其带来的满足感和成就感更是使这些辛勤工作的探索者们继续奋斗下去的动力。

通读《创新路上大工匠》后,不仅让我对创新有了一个更清晰、更全面的认识,而且让我对我校的创新项目和特色项目有了一个大致的了解。更重要的是,我还从中得到了一些对我未来学习和生活都有极大帮助的建议。我懂得了做事都应先从分析明白原理做起,这样才能有的放矢;明白了在做事前应做足准备;了解了惯性思维和经验会限制思维,阻碍创新……

创新分为四类:思想创新、理论创新、技术创新和技术的创新应用。其中思想创新是最难的,理论创新其次。然而,两者都是当今我国迫切需要的创新。正如本书的前言所言,我国需要闯荡"无人区"的大工匠,来走出属于我国自己的创新路,而这也正是我们这些年轻人大展拳脚的舞台。因为我们年轻,更喜欢追求新事物;对新事物的接受能力更强;大脑中的奇思妙想也更多……但在这之前,我们更需要在大学中认真学习,磨炼自己,毕竟没有扎实的专业知识和正确的态度,谈何在充满风险的创新路程中披荆斩棘?

"路漫漫其修远兮,吾将上下而求索。"我将在上海大学勤奋求学,更深刻地感悟我校的创新精神,锻炼自己,增强自己的能力,为未来开创属于我自己的创新路打下坚实的基础。

点评

书看了,章节题目很熟悉,摘录的"创新四层次"也有价值,但太偷懒,直接拿征文题目作为文章题目,不知道一个好的题目是作者所有思考的结晶,文章是否有价值,看题目就知道了。既然对创新者的内在动力那么感兴趣,为什么不以此为题,专注于创新动力,谈个透彻?中学生满足于已有的知识点,大学生则需要在熟知知识点的基础上,有更多自己的发现。不妨试试,从设计一个好的题目开始。

32 从乐高积木到人生蓝图
——创新在我心中的具体化

⊙张鑫琪（钱伟长学院）

似乎从中学开始，"创新"一词开始充斥我们的视野，入侵我们的神经。小到破解一道题目，要创新方法；大到国家战略，要创新发展。可这词汇却仍陌生且难以诠释。而读过这同样嵌入"创新"二字的《创新路上大工匠》，分享到11位导师前辈的经验和故事后，创新也仿佛一幅逐渐清晰的素描画，等着我去涂上颜色，绘成自己的人生蓝图。

"创新就是好玩。"郭毅可教授在书中这样写道。10岁那年，好玩的载体就是一块块大大小小的乐高积木，而将其堆成不同于示范图纸的各种造型，也就是我对创新最早的理解。创新就是和别人不一样，年幼的我这样想。而后来，当创新从课堂上老师的课件中讲出、从电视里主播的稿件中读出、从围墙上宣传的标语里喊出时，我却逐渐模糊，创新到底是什么，创新又需要什么。读过这深蓝封面的《创新路上大工匠》后，年少心底的影子再次浮现。

国际视野是创新的基础。虽说创新是"创造新奇"，可没有方向与基础却也是寸步难行。这里的国际视野，我理解为国际水平和国际方向。近代时期，清政府盲目自大的闭关锁国造成了我们同发达国家在科技发展上的差距。然而正如牛顿站在巨人的肩膀上创造出伟大成就，我国也在学习和探索的结合中,以惊人的速度发展着。就像顾骏教授在书中提到的,中国以三十多年的时间走完了西方三百多年的路程。而如今,虽然我们已经可以说不是在"赶路",甚至在有些领域已经可以"领路",但是密切关注其他国家的研究成果,对于形势复杂、纷争频仍的当今国际局势来讲,仍然是必不可少的学习。正所谓"他山之石,可以攻玉"。至于国际方向,其作用则更为明显。宏观方向上,着力于全人类共同关注的最急需解决的问题,是创新的意义所在。而微观方向上,关注别国的研究思路,一来可以为我们自身提供灵感,取其所长,二来也可供我们反思,打破定式思维,寻找更新奇的道路。正像张新鹏教授所说的:"一开始总是别人走前面,我们跟随。到水平差不多的时候,我们开始想到要走自己的路,要定自己的规则。"可以说,国际视野是当下创新必不可少的基础。

科研热情是创新的动力。很多人都说,伟大的科学家、资深的教授们,都把科研当做是游戏,他们创新的动力就是新奇。的确,倘若没有这不计一切、只为探索的热忱,哥白尼不会无惧罗马教廷的迫害坚持日心说,爱因斯坦也不会去思考光速之后的世界,进而提出相对论。即使在今天,这样的精神仍旧没有过时。郭毅可教授就在书中讲到,在英国,人们几乎已经达成共识:在大学里搞研究,不但好玩,而且是"世界上唯一的别人付钱我来玩的职业"。正如作家陶醉在自己的文学世界中,能彻夜创作而不觉疲惫一般,当科研人员被科研热情点燃时,灵感如泉涌,又怎会没有动力呢?如此一来,创新又岂是难事。

社会需求是创新的方向。从创新者的角度讲,作为即将步入高校,水平仍停留在高中的准大学生,无论从知识深度,还是科学素养上讲,我们自然是难以和那些科学家及教授们相提并论的。同时不可免俗地说,虚无缥缈的科研与切实可见的利益回报相比,很多人还是会选择后者。然而,创新也不是高高挂起的浮夸,而是同样需要面对市场的。有社会需求,才有创新的价值,否则即使是创新出宝贵的成果,也只能束之高阁,无法获得与投入相匹配的回报。创新理应受到社会的回报。而从受众的角度讲,社会也期待看到如今面对的一个个问题被创新者的巧思所破解。从第一次工业革命的蒸汽机到第二次工业革命的内燃机,不也正是社会的作用力推动着科技的一点点进步,促使着我们的生活一点点变好吗?创新没有阳春白雪的清高,创新也需要摸清社会之所需,急社会之所急,找到正确的方向,才可避免南辕北辙之乌龙。

以前说到创新,我恐怕除了字面意思外,思维就只留在小时候的乐高积木。而现今,这个词的内涵、意义,都越来越像一个清晰的轮廓,在脑海中升腾、具象。倘若让我用一句话总结《创新路上大工匠》带给我的价值,恐怕我会毫不犹豫地说,创新在我脑海中,从一个虚无缥缈的意象,逐渐具象化了。然而现在的知识还太薄,理解还太浅,还难以撑起"创新"这两个字的全部。为了让创新从儿时的乐高积木真正过渡成为人生的宏伟蓝图,我要学习的还有很多,我要修炼的也还有很多。而这,可能也就是我来上海大学求学的原因。

点评

引用了书中人物的观点,也提出了自己的观点,努力通过阅读和写作,让自己对创新的感觉从模糊变为清晰,这个方法是完全对头的。遗憾的是到最后,让人清晰的还是乐高,让人模糊的仍是创新。其实,你不是没有观点,而是没有自己的观点,无论利益回报的重要性,还是回应社会需求的必要性,都已被重复了无数遍。找不到自己的见解,创新会不会永远停留在搭积木的层次?

33 以创新为名,铸国之巨匠

⊙霍治臣(社区学院 经管大类)

何谓之工匠?有人言工匠是解牛庖丁,于平凡工作中化技为道;有人言工匠是"一生只为一事来",于岁月中修补人心;有人言工匠是医师用棉签吃饭,葡萄缝皮而运刀成风!

然于我而言,此皆乃小匠耳!欲铸国之巨匠,唯有创新!

诚然,他们都是拥有精湛技艺的工匠,他们不仅仅是把工匠当做挣钱的工具,更是将工匠作为一种修行,在手艺中融入毕生的心血与信念,他们追求完美的工匠精神。这样的精神的确值得每一个匠人与非匠人拥有。但是,我们也要知道工匠的背后是国家的命运,在当今这个全球化时代,这样的以完美主义为核心的工匠精神已不适应世界的迅猛发展。要想通过工匠提升国力,必须有高境界、高要求,必须转变原有的精神内核,即以创新精神为核心的工匠精神!

我们为什么要创新

何谓创新?肖俊杰教授言:"创新是一种自我更新,给人类的认识、实践和生活带来建设性结果。"张兴鹏教授言:"创新是在好玩中的自我实现。"但我认为创新还是一个民族进步的灵魂,是国家发展的不懈动力。抓创新即抓发展,谋创新即谋未来!而在这个中国经济转型的重要转折点,如何将中国制造转变为中国创造已经迫在眉睫。此时此刻,不管是华为的专利申请量达到世界第一,还是航空航天一次次实现技术突破,抑或是中国材料学已经走向世界前列,都让我感到庆幸:创新之路,中国已经在路上!

然而,在这局面看似一片大好的情况下,我们也应脚踏实地地去发现我们的不足点。专利申请量第一并不代表专利质量第一,各项科研技术达到世界前列并不是已经成为科学世界的领导者。连一个小小的圆珠笔笔尖也是通过多年的努力才在最近打破了依赖进口的尴尬局面。中国创新之路,实际上才刚刚开始。

怎样才能更好地去创新

我们发现,尽管这是一个人人都谈论创新的时代,但是也可以看到真正能够做出创新的人和企业寥寥无几。在这条创新路上,能走过的只有少数。这是为何?怎样才能做到真正的创新?除了首先建立创新意识,敢于去想、敢于去打破旧有的思想外,我想更重要的在于实践。毕竟实践才是检验真理的唯一标准,不基于实践的创新在我看来不过是空想罢了。这并不是说"想"不重要,而是这"想"是要去脚踏实地地想,而不是天马行空的胡思乱想。诚如罗宏杰教授在古人制瓷中得到的启示那样:创新不是想到的,而是在实践中碰到的,偶遇的。对于意外的结果,我们能予以足够的重视,思考其产生的原因,就有可能得到启发,创新由此产生。

此外,学会借鉴,懂得站在巨人的肩膀上前行也是真正做到创新的要点之一。这里的借鉴实有两点:其一,借鉴其他学科。许斌教授说:"一个高效的团队往往包含多个学科的交叉合作。"世界上全能多面手的天才毕竟在少数,大多数的人往往只精于某一两个方向。这个时候就需要多个学科的合作才能将想法真正实现。其二,借鉴世界各地的优秀经验。我国的创新之路起步晚、起步慢,这是事实,我们也必须承认。怎样才能在较短的时间内追赶美、日、韩等创新实力较强的国家?虚心向优秀者学习,虚心向国外学习,使之成为宝贵的营养,丰富充实我们自己国家的创新,使之能更具有时代特色,这可以让中国的创新在最短的时间内以最快的速度成长,这不仅仅能使国人接受,更能为全世界各族人民接受和理解。

在这之外,创新不能不加入应有的人文关怀。以人为本,良有以也。我们在创新的过程中,更应不断进行人性化改造,让一个个酷不入情的事物充满人情味,才能赢得广大群众的喜欢,使生活更美好。有了打车软件,我们不必久久的矗立于寒风之中,"缦立远视,而望出租";有了网络购物,便可以端坐家中,移动鼠标,就有人送货上门;而字典更是开方便之门,将"V"形标识标于侧面,给予我们方便和温暖。这样的创新,才是受群众喜爱的创新,减少我们心中的烦闷,让我们能以更饱满的热情迎接每一天的新生活。

创新的主力在于少年

前人曰:"少年强则国强。"尽管我们现在科研水平逐渐提高,创新能力逐渐加强,但是其中作为主导力量的还是我们艰苦奋斗的老一辈。若要让我国成为强国,拥有主导世界的力量,避免后劲不足,培养青少年的创新能力尤为重要!而青少年想要提高创新能力,关键在于高校。高校在传授知识的过程中更应给每个学生发言的机会,表达自己的想法。通过我的一些了解,有的高校为了上课进度,减少或者不给学生表达自我想法的时间;也有的高校尽管给了学生表达想法的时间,但上课发言的总是那么几个人。其实这样不好,在我看来,大学老师应在上课进度和学生交流自我想法两者之间达到较好的平衡,鼓励学生发言,支持学生的想法,并从自己多年经验的角度提出想法,激发学生新的思考。国家对于大学生创新也要给予政策资金的支持。那么,中国的创新之路一定不会是昙花一现,而是历千世乃至万世而不朽。长此以往必能培养出一代又一代的创新路上大工匠!

创新属于每一个人

有的人认为,创新是科学家的事,和我们平民老百姓并无关系。其实,这样的想法大错特错,创新其实属于每一个人。例如,青春版《牡丹亭》将传统与现代相结合,既保留了传统昆曲的"原汁原味",还结合现代美学,让古老的昆曲散发出新的魅力,它不仅仅对青少年观众产生了强大的吸引力,同时也用现代传播方式让市场逐渐宽广。这是创新。Facebook的创始人扎克伯格成功的奥义也在于创新,他打破了传统的互联网广义的传媒模式,关注于用户社交圈子的分享交流需求,提供平台以满足人们的精神空缺。这也是创新。还有滴滴打车、共享单车等新兴企业的创新打破原有模式,展现出新的商机。这些创新难道都是科学家们做的吗?答案显而易见。只要我们能在生活中发现问题,并能想办法解决它,就算是创新,创新可以属于我们每个人。要知道你所站立的地方,正是你的中国。你怎么样,中国便怎么样。你有创新,中国便有创新。你有光明,中国便不再黑暗!要让创新精神成为我们民族精神的一部分!

新时代的国之巨匠仍应保持一颗匠心

诚然,用发展的眼光看只有以创新为核心的工匠精神才能真正实现中华民族的伟大复兴,但新时代的新工匠仍然不能抛弃那一丝不苟的态度,精益求精的匠心。少了匠心的工匠还是工匠吗?世人浮躁如汤煮,匠人化腐朽为神奇。正因如此,"匠心"在时间的淬炼下坚定,"匠魂"在不懈攀登中沉淀,这才有了一流的心性,这才有了一流的技术。如此,才能催生一个"为往圣继绝学,为万世开太平"的大时代。

最后,作为一个准大学生,我想说的是,我们不能因中国创新才刚刚起步就妄自菲薄,更要防止走向另一个极端——妄自尊大。倘若只是成为键盘侠,或是笔手,总是心动不见行动,于我大中国的发展并无增益。我们青少年要将创新精神内化于心,外化于行。如此,属于中国的大时代必将到来!

点评

面对创新者,仍努力提出自己的想法,非常好。但要注意,在把别人意思弄懂、弄清之前,不要急于发表自己的观点,这样才能有更多感悟的空间和收获的机会。自己树靶子,自己来批判,强加观点于人,是初学者的通病，更是评论写作之大忌。从文章中对书里内容的引用来看，你在阅读上花的时间相当有限，来不及深入思考。结果是，提出的观点虽然不无道理，但没人会提出异议，而没有异议常常不仅代表正确，还代表没有新意。以你的文字能力，写出好文章并非难事，如果毁于故作老成，就太可惜了。

34 创新之独特见解

⊙卫璐雨婷(钱伟长学院)

理解创新才能更好地创新

我将创新简单地分为两种：创造发明和现有物的再结合。创造发明，就是制造从未出现过的新物体或新形式，不是哥伦布发现新大陆，而是"创造"新大陆。像古时交通工具的出现，代替人们步行的生活方式，以及近代互联网的问世，用虚拟构造全新的世界，等等。必须承认的是，创造发明是很艰难且难得的，而现代生活中的创新更多的却是现有物的再结合。就如同料理，新菜品的出现缺不了食材、做法的相互碰撞。电影《料理鼠王》中说："每种口味都独一无二，但把两种口味混合，一种新的口味就诞生了。"书中顾骏教授所创造的一种写作方式，其实这样的写作方式并非独创，而顾骏教授将它运用于此书中，就给人以完全不一样的感受。创新也是如此，有时候偶然地将几种事物结合，也许就会出现前所未有的新事物！

当然，我绝不认为两种创新孰高孰低，不管是哪一种，都是科学家们艰苦卓绝的劳动成果，都是值得敬佩的。

在阅读过程中，我注意到教授们曾多次提到的机器人、人工智能问题。基于以上我对创新浅显的分类，我将发明机器人归结到创造发明类，而将机器人本身的所作所为归入现有物的再结合类。为什么如此说？想必大家对AlphaGo的功绩都有耳闻，仅仅是一台没有生命的机器，居然毫无悬念地战胜了围棋大师们。一时间，社会各界开始对机器人未来能否取代人类开始了激烈的讨论。我认为，就目前乃至将来的很长一段时间，再精密的机器也不会像人一样能够发明创造，它们会完美地执行命令，却不能发出指令。围棋有上亿种下棋方法，人类到目前为止只能发现其中的一小部分，AlphaGo只是能在短时间内就发现多于人类所知的方法，但归根结底，是人类创造了围棋，也就是说，是人类创造了围棋亿万种下法，而这一点，机器是无论如何也做不到的。除非未来的技术能将细胞植入机器并让其繁衍，让机器也有了思想，那就另当别论了。

创新就是好玩

在《创新路上大工匠》一书中，初次读到"创新就是好玩"这个标题时，着实提起了我极大的兴趣；再仔细品读斟酌一番，觉得这正极妙地道出本人的心声，故借此一用，作为小标题。

谈起创新，绝不是从未见闻的"UFO"。作为一名刚结束高考的青年，我绝对深刻体会到了"创新"在高考作文写作中的重大作用。但是在此，创新不再是作文中的生搬硬套，也绝不是那些肤浅的"纸道理"，而是我曾经畏惧表达的——创新是游戏，创新就是好玩。

为什么我要说创新是游戏呢？对于现在的青年来说，这应该不难理解。当你玩"王者荣耀"打出极限走位，运用技巧拿五杀时，谁敢说自己是不高兴的？而对于创新也是如此。不光是年轻一代，相信教授们、科学家们也都认为，在创新的过程中确实是其乐无穷的，当你对事物充满好奇时，当你将好奇付诸实践时，当你发现前无古人的成果时……

"不知廉耻"地借助外力

在书中读到对于中国的迅猛发展，西方媒体煞风景地解释："中国走得快，很正常，西方用300年，中国只用30年，因为西方是筑路而行，中国则是顺道而行。筑路和赶路速度不同，费时自然不同。"虽然这种以偏概全的语言让人忍俊不禁，结论也摇摇欲坠，但其也确实在某种程度上指出了中国发展现状的一部分："搭便车"现象非常普遍。

不谈当今社会人们对创新究竟有多大能耐,但是不可否认的是,在跟随潮流、搭顺风车这一方面,人类确实做得炉火纯青。不知何时,当一个全新的名词"共享单车"悄然出现在人们眼前,占据了热点话题,短时间内取得了成功。此时,有人"抓取时机",夺取接力棒,一时间各种"共享"层出不穷。

可是创新的"借助外力"却不是如此。对于外媒的指责,说实话,我并不觉得羞愧。前人的经验拿来借鉴,成果拿来使用,一方面是肯定其研究成果,另一方面也是为了更好地创新。试想,如果因为害羞而不敢借力,那就永远跟在别人的后面,追随他人的步伐,又何来创新呢?我始终坚信什么事不可能永远保持第一,历史潮流告诉我们,总会有后来者赶上。而我们也不应该惧怕被超越,创新正是在这种不断超越、你追我赶中实现的。中国曾经是强国,而近代的落后让我们重新奋起直追时,创造了属于中国的独特的社会主义,我们借助了先进国家的经验,而这,并不可耻。

当然,我不是教唆人去窃取他人的劳动成果,只有善于借助外力,才有助于更好地创新。

别让创新在你脑海中流失

我曾经天马行空地想过发明一款 App,人们可以在里面分享想法、点子。比如你有绝妙的点子、发明构想,甚至它只是你饭后茶余突发奇想的一个念头,但苦于没有能力去实施,那么你可以分享出来,让更多的人看到,也许有能力的人会赞同你的想法并加以实践。人无完人,有资源、有能力的人可能没有如此丰富的想法,通过这样的方式,达到全民创新。

当然,对于现在没能力的我来说,这只是个构想,还有一系列的问题比如经费、专利版权争议等没有解决。也许将来我会去加以实施,但也许会像大多数人一般,让这个想法石沉大海……

点评

　　许多同学写读后感采用"我注六经"的方式,自己的感受处处都要在书里找到依据,此文则不然,公然"六经注我",书里的人与事只成了借题发挥的由头,如此气度、气派、气质可以谈创新了。不过,与此相悖的是,作者对于所谓"借外力"或曰"山寨"过于心地坦荡,见解固然独特而且霸气,但对长远来说,中国科技创新事业可能受到的不利影响却完全缺乏思考。"取法乎上,得其中,取法乎中,得其下。"开始时立意低了,最后还能有多高?无论在个人还是国家,创新不只是手段,还是目的本身,没有尊重创造的理念,不遵守知识产权的规则,创新之路能走多远甚至能否走通,都会被打上问号,对此不可不察。

35 脚踏实地的创新

⊙顾怡晴（计算机工程与科学学院 计算机科学与技术）

创新是什么？是从一个新的角度，以新的方式或者技术来解决生活中人们遇到的各种各样的问题。在《创新路上大工匠》一书中，诸位老师都曾或多或少地强调过，无论是怎么样的创新，最后的落脚点都在于解决问题，应用于实际中。因而所谓的创新，实用性一定要高，不能创新到最后，解决问题的效率还不如创新之前。

创新的动力在哪里呢？我个人认为，在于个人的兴趣，即觉得好玩有趣，即使没有什么收益也想研究看看，很多有意思的创新就是这"一念之差"而萌生的。事实上兴趣即使并非通往创新的康庄大道，也是必要因素。更现实些的，则是想要解决问题，像罗均老师带领团队进行无人艇的研究就是为了进行水道的监控以及海岸线的精确测绘。遑论创新更是一种自我实现的绝妙途径呢？

创新工作者需要有一双敏锐的眼。首先，他们要能够发现问题，或者一些值得注意的现象，并且要抓得住过程中每一丝不同寻常的反应，进行深入研究，这才是创新的平台与基础。就比如说许斌老师所说的化合物的反应，每一丝温度、反应条件的细小变化，都会导致最终化合出的物质的不同性质。而一个不细心的人，是很难抓住这种巧合,将之重现的。

其次,锲而不舍也是创新精神的一部分。很多人认为创新不过是科学家的灵光一现,而事实上,这种灵光一现背后是有着大量的实验以及数据做支撑的,之后也需要筚路蓝缕的努力将此付诸实践。若换一个人来梦到蛇咬住了自己的尾巴,而非为苯的分子结构殚精竭虑的凯库勒,难道他就会恍然大悟苯是环状结构的吗?许斌老师说当化合物被研制出来时,离真正临床应用还有十万八千里,甚至可能百万大军过独木桥,最后全军覆没。这样的药物研发难道是一个毫不认真严谨的投机家可以凭借灵光一现实现的吗?

创新创新,思路是新的,然而无论是其过程还是其目的却都是要脚踏实地的。这本书给我最大的启发是,不应当好高骛远,往往创新就在身边,在自己的工作、学习乃至生活中。而作为上大这样一所重视创新的学校的学生,这本书也给我打开了一扇新的大门,经过思考之后,我想到一个创新的方向。

我是一个计算机专业的学生,然而事实上,我对计算机了解甚少,甚至连 office 的功能都不能一一了解,如臂使指,平时仅仅是写东西并不会有什么妨碍。但是在一些特殊的任务,比如说做小报时就会有些手足无措甚至一筹莫展,其情状堪比第一次接触智能手机的老人家。于是我就想能不能编写一个以教程为主的 App,里面囊括从智能手机到各种软件的使用,并且有制作图表、小报等的单独教程。主要为初次接触各种软件的人群、对电脑不太精通的女生和对各种智能设备一筹莫展的老人家服务。

在我的设想中,App 应该以智能语音和动画图片详解为主,并且不是机械的一味灌输,而是由使用者进行语音或文字的提问,App 捕捉关键词并进行进一步识别以及详解。老年人的使用习惯终究与年轻人不同,我想这个 App 可以分成两个版本:一个是老年版,以简单易懂的版面为主,不做过多的修饰,尽量减少误导信息,主要以语音来引导老人家的操作。功能不必太过复杂,只要保证能够顺利使用智能手机的一些基本功能就可以了;另一个年轻人用的则需要更加美观可爱,并且功能方面增添对图表等快捷制作的详细教程。

各种教程其实在网上各大视频网站并不少见,有人或者觉得只是鼠标一点"百度"的事情,何必再大动干戈做一个App呢?但我却觉得网上很多视频都良莠不齐,且所教授的版本还不一定与自己所用软件一致,筛选起来着实有些麻烦。若有这么个App,我想一定是极受欢迎的。

现在我还是个计算机系尚未入门的学生,说得如此头头是道似乎托大,然而创新一事,就是由一个想法转变而来的,接下来需要的则是时间和实践。因而在接下来的四年中,我会认真地在计算机系学习,掌握编程与代码,为真正实现这一似乎遥远的目标而奋斗。

点评

文笔稚嫩,思维单纯,一览无余,应试教育下的好学生和中学写作模式下的好文章,中规中矩。难得的是在平淡之中,突然冒出许多个人想法,计算机的学习尚未开始,问题已经出现,点子也已露头,假以时日,谁说稚嫩和单纯同创新无缘?

36 我的上大我创新

⊙常冰清(社区学院 理工大类)

每当国人提及日本制造、德国制造时,往往会献上由衷的赞叹,而总以自嘲、调侃的态度谈论中国制造。这个司空见惯的现象是由什么原因导致的呢?举一个例子来说吧,同样制造锅具的厂家,德国人更倾向于制造一个高品质的锅——可以使用了几十年后仍保持优异质量,然后凭借客户的口口相传来提升销量;而中国的某些制造商则更乐于造一个寿命只有几年的锅,凭借低价来吸引顾客购买。两者相较,高下立见。

这是个无奈的事实,我们不得不接受。但接受并不意味着无动于衷,而是应该怀有一种迫切改变的心理,并付诸行动。

我从前一直认为中国制造想要赢得世界的认可只要改变产品的质量、中国制造商的态度就可以了。但当我读过《创新路上大工匠》这本书后,我看到了更为复杂的世界,意识到了改变不仅仅局限于技术、质量和态度,还应囊括技术上、理论上和思想上的创新。

如果说从前的我只是一个沾沾自喜于中国的辉煌历史、把中国和世界划分得清清楚楚的井底之蛙,那么现在我则是一个知道了世界的解释权从来都是掌握在今天改变了世界的人手中,中国要实现复兴必须要有具备海纳百川之气魄的清醒人。

经由此书,创新于我而言不再是口头上、书面上的文字,而是真实地存在于生活中,令我真真切切地感受到了创新所带来的切实便利。其中给我留下印象最深的是"大数据"那一章。

文章一开始就问:大数据是什么?紧接着就写:创新就是好玩。大数据不就是在科学家"玩耍"的经验中总结出来的吗?

然而中国的应试教育跟"好玩"扯不上丝毫关系,从古至今学习都是"梅花香自苦寒来""十年寒窗苦",跟"苦"字挂钩。从前不是没有听说过"快乐学习法"的,只是倏地听到说得那么理直气壮、振振有词的,难免会带着几分好奇去读。这一读便不可自拔了。它好像唤醒了我沉睡已久的想象力。

我也曾想过用植物代替墓地,可有意无意的、直接间接的这个想法在我脑中被判定为天真,封上了不可能的封条,被遗忘在了箱中。从来就没有想过怎样把不可能变为可能。当然那时我也没有足够的知识来为这个创意建立一个完整的施行方法。但我相信在以后的大学生涯中我一定可以储备充足的知识和经验,真正实现创意。

书中写到英国数据科学研究所利用大数据由几张不同角度的照片可以制成一个合体的披风,我由此引发联想:利用大数据是否可以由一个人收听的音乐曲目来判断他的购买能力、购物倾向和健康状况?

再者,中国每年都有许多地区传来农产品滞销,抑或是某些食品卖出天价的消息。如果有大数据从中加以指导,那么农民们是不是就不会因为蔬菜庄稼滞销而入不敷出,优质的菜品也不会因无人问津而腐烂在田地里;市民们也不会因为卖家索价太高而收紧腰带?

看到国内天灾四起,便想到大数据是不是可以规划游客迁出路线,加快迁出速度,规划灾民住所,指导士兵抗灾救险,使更多的人得到救援、免于受伤遇难?

身边的新闻不断冒出,说不定几年、十几年之后大数据的发展可以轻而易举地完成这些设想。

如此一看创新其实很简单,天马行空的想象可能就是未来生活的写照。但是若要实现创新,则要具备实干家的精神,脚踏实地地储备知识,用实践来检验创新的可行性。

当然要完成这些只凭借一个人的力量是不够的。因为所有的事件都是环环相扣、互为联系的,而人总会遇到"尺有所短,寸有所长"的情况——自己力所不及的事情可能对于别人信手拈来。本书中所有的教授,不论他们的专业是什么方面的,都对团结协作表现出肯定的态度。那么作为学生,我们也不能因为专业的不同而划分不同的圈子,相互讨论说不定有着事半功倍的效果。

中国的创新之路漫漫,途中有不少困难与挑战。很高兴我出生在这个时间点上,出生在中国,能在上海大学这样实力雄厚的学校中学习。天时地利都具备了,接下来就看"人和"了,我相信我们这一代莘莘学子会开辟创新的新道路,使中国在国际的舞台上超越从前的辉煌。

点评

什么叫"以人为镜,可以明得失"?这篇文章给人的感觉就是。书里的材料都成了这位同学手上的望远镜、显微镜乃至X光机。凡有所读,皆成问题,引导他看到生活中或自己身上一个又一个可以有所改变、有所创新的问题点。如此读书对得起"开卷有益"一说。

37 大国创新路

⊙董泽正（社区学院 经管大类）

最早对"创新"这一词有思考认知是在初中的一节政治课上。老师带着大家在书上画着考试重点，其中有一句话令我眼前一亮："创新是一个民族进步的灵魂。"懵懂的我反复推敲着它，仿佛在破译什么高深的密码。

收到通知书后我无比高兴，不仅是因为能够进入理想的大学，更因为能够邂逅这样一本记载上海大学创新先驱峥嵘岁月、描绘创新大国辉煌蓝图的书。

翻开这本书，前言便让人热血沸腾。开篇就展现了一个宏大的世界创新格局，呼唤着大工匠的到来。第一章更是以一个宏观的角度讲述了我国科研先辈筚路蓝缕，从望尘莫及到跟跑，到最后并跑甚至领跑的历程。后面几章讲述几位创新前辈的故事更是令人由衷地敬佩。

从书中，我深刻地体会到上海大学自强不息、求真务实的创新精神，更见证到了创新的多重色彩。

说到创新，最少不了的肯定就是敢于探索挑战的勇气。正如书中提到的，当华为逐渐步入世界领先的行列，也感到了深深的迷茫。迷茫是正常的，但是有些人吓破了胆，开始退缩，有些人疯狂乱窜，难免四处碰壁。这时最需要的就是直面挑战的勇气，自强不息的探索。当国际上都不看好化学法制取超导材料时,蔡传兵教授却看准了化学法能够降低成本的潜在价值,走上这样一条"冷门"的道路,最终有了创新的大进展。他不甘停留在发表论文坐享名气上,努力实现产业化、增进社会福利的责任感以及克服困境自强不息的品质更加令人钦佩。

这份勇气不仅在于勇于探索无人区,也表现在敢于提出质疑,尝试异想天开的思路。正如金东寒校长转换思路,用人人皆知的排气法测量微侧漏量时,那些用高成本、高科技设计出的测量装置一下就显得笨拙了。这同时也让我想起那个为解决可乐灌装时出现空瓶的问题而使用高科技机械臂排除空瓶的办法,最终不敌一位工人提出的使用电风扇将空瓶吹掉的方案的笑话。虽是笑话,读来也发人深省,创新不能一味追求高科技而形成思维定式和路径依赖,创新的本质就是打开思路,认准目的而寻找最佳途径。

向前人学习在创新中是不可或缺的。就像书中说的那样,创新很多时候不是拍拍脑袋就能完成的。唯有学习足够的专业知识,才有萌发创新的可能。就像蔡传兵教授在超导体项目中,在注重科研的同时,更加注重创新人才的培养。只有越来越多的人获取到了这些前沿技术的知识,一线创新攻坚团队才会越来越壮大。

创新需要我们储备足够的相关专业知识,并且融入实际和自己的想法,才能碰撞出创新的火花。在初中时我曾参加过全市的创新大赛,比赛项目是纸桥承重。一共四张 A4 纸,看谁的纸桥能支撑更多的砝码。我们从网上查看了许多建造桥梁的设计方案,也参考了几何承重的原理。但是由于纸质材料特殊的柔软性和不高的可塑性,这些方案大多不能达到我们的预期。于是我们转变思路,从如何让纸变得坚固入手,并结合学到的管状结构在承重方面的优势,最后我们设计的管状纸桥获得了全市第二的好成绩,与第一名相差无几。

有勇无谋则莽,创新有时更需要求真务实和谨慎负责。创新意味着毫无前车之鉴可寻,就像摸着石头过河,走到对岸必然会风光无限,但一失足便会撞得头破血流,甚至被大浪卷走。就像在外源性心脏修复和新药创新等关乎人命的项目上,创新者肩上担负的不仅是自己的名声、团队的成就,更有所不能承受的生命之重。异想天开的勇气固然重要,而缜密的推理设计更不可少。就像上海大学研发的无人艇,各类精准的传感系统保证了其能够避开障碍物,重量和大小的平衡保证了其续航能力。这一切都离不开创造团队的专业知识和严谨设计。倘若没有这些,只是胡乱大胆尝试,先不说能不能做出如此精美的无人艇,因失败而浪费的人力、物力、财力一定不会少。

如果说创新是科技发展的动力,那么成就感一定就是创新的马达。毫无疑问,当今的中国需要创新,而创新需要激励。只有让人们有自我实现的满足感,令科学家实现自身价值,令工程师解决社会需求,才能更好地激励创新。在看这本书之前,讲到激励我只能想到保护好知识产权以及评选各类奖项。而书中给出的斯坦福硅谷产学研一体化的模式让我耳目一新,德国的系统平台近乎完美解决了一些项目人去楼空的尴尬局面……其实这本书我看的速度并不快,甚至可以称得上慢。因为每每看到一些地方,总会引起我的浮想联翩。作为一名向往经世济国的经管大类学生,或许将来走在科研创新第一线的机会甚少,所以看到这里我就不由自主地思考起对创新的社会激励。书中讲到的事例让我清楚地认识到,创新不一定只局限于科学技术,管理制度也存在创新升级的空间。只有让能实现创新的人得到他想要的,比如科学家得到满足感,工程师得到利益,才能做到激励创新。有了最基本的原理,激励制度就可以千变万化了,面向社会人员的国家专项计划、加大市场对创新人才的吸引力、建立创新园区、给予研发型企业优惠政策……一些初步的想法在我脑中浮现出来。

中国作为飞速发展的世界大国,对创新的需求越来越急切。上海大学俨然成为大国创新路上的中坚力量。作为一名上海大学的新生,在这里我要向上海大学的各位创新路上的前辈、祖国各行业先驱致以崇高的敬意。看到如此多的前辈走上了创新之路,也为我们留下了许多创新之道。上士闻道,勤而行之。因此,我们也不能仅满足于学会书本上的知识、赚足够生活的钱,而应该去实现自身价值,用自己所学的知识、新颖的想法去改善当下,创造更高的价值,为祖国的创新之路做出自己的一份贡献!

点评

  思维连续性强,文章呈现一浪随一浪的动态,虽不见惊涛拍岸,亦有步步紧逼之势。夹叙夹议,书里书外,心态放松,笔下从容。既无意作惊人之语,自然不会虚张声势、故作老成、"为赋新词强说愁"。写的人写得闲散,看的人看得闲散。

38 云上大鱼

⊙邹应菊（社区学院 人文大类）

一朵变幻的云，投影在历史的波心，撼动着时代的阴晴。一尾衔兰的鱼，沉潜在发展的海岸，追寻着前进的云端。此云为创新，此鱼为上大。创新对时代发展有着不可估量的作用，上海大学在创新领域同样有着不可小觑的力量。当上大这尾大鱼，衔着一支白玉兰，潜进创新的云彩，所到达的，定是光芒万丈的远方。

大鱼筋骨，大师典范

大学孕育大师，非大师无以成就好大学，在《创新路上大工匠》一书中，字里行间，俨然立着的是上大十位卓有成就的教授和研究员。他们或是作为智者缓缓道出创新之道，向学子点染智慧的灵光；或是以自己的创新历程，将学子带入陌生而又新奇的专业领域，感受创造的奇妙；或是以广阔的眼界，指引学子从上大看中国，从中国看世界……不可否认，当阅读书中的专业知识时，会感到生涩难懂，但即便如此，也能够感触到文字背后大师们的坚持与勇气。若无大师引路指航，何来上大无人艇惊艳众人？若无大师攻坚克难，何以让敦煌壁画流传百世？若无大师与日俱进，何以让心脏修复之路步步向前？我喻上大为大鱼，那么上海大学的大师们自然是鱼身筋骨，支撑牵引着大鱼在创新的云里越潜越深,越游越远。

大鱼血肉,学子风采

上大学子从踏入学校的那一天,便着重需要培养自学能力,学会读书,学会请教,学会经历挫败,学会笑纳成功,最终与时俱进,应对百般挑战,为社会贡献有分量的创新成果。在《创新路上大工匠》书中,于第二章我有颇多感触。在这一章所涉及的无人艇"精海号"研发中,学员们为项目倾注了大量心血,自诩为"精海爸爸",十足幽默,十足真诚。另一方面,学员们别出心裁,为无人艇设计呆萌外观,十足有趣,十足可爱。更让人印象深刻的是,学员们跨越学科交相协作,终于在无人艇研发上结出了硕果,十足团结,十足可敬。在上大的创新之路上,不仅有青春的激荡,还有团结的臂膀。作为2017级的上大新生,我不由得心潮澎湃,期待接下来的四年里,崭新的上大人将会展现怎样夺目的风采。我们将脚踏实地,积蓄力量;我们将紧握成拳,挥成臂膀;我们将敢想敢闯,力求创新,以上大学子之名,扬创新上大之威!我喻上大为跃上九天的大鱼,那么上海大学的学子们便是鱼身血肉,紧随筋骨,助力上大在九天祥云中遨游。

大鱼衔兰,立彩云端

布莱克曾说过:"独辟蹊径才能创造出伟大的业绩,在街道上挤来挤去不会有所作为。"毋庸置疑,上海大学绝不会选择庸碌,泯然于众校,而是选择绕开闹嚷的人群,以一腔坚勇,去开创自己的创新时代。你是否知道有上大的校长奖学金为学生提供共同研究的平台?你是否知道有上大化合物库为药品研制建立基础?你是否知道有上大科技园为纯粹的学术研究留一片天地?在上大有顶尖的大师与团队为创新之路保驾护航,有广阔的平台让学子为创新尽情歌唱。在上大成功创新的众多案例中,从始至终,你都能看到上海大学作为坚实的后盾,为努力创新的师生提供帮助与支持。这是一切的源头,这是创新的母体。因为岸旁的上大,激流险滩无人艇英姿矫健;因为执着的上大,匠心独运超导材料研发;因为孤勇的上大,别出心裁补心之术突破……亲爱的上大人啊,快扬起年轻的风帆,乘着时代的巨浪,到创新的海洋去肆意闯荡吧！上大永远是你停泊的港湾，是你归航的灯塔。上大校徽主体是一朵白玉兰，隐含着上大高洁坚贞的风尚。我喻上大为一尾口衔玉兰的大鱼，筋骨强劲，血肉饱满，在创新的彩云里一游而去，从不回头。

唯创新者强，唯创新者胜。东方上大，奋勇拼搏，求创新；终有一日，大鱼衔兰，立云头；待到那时，耀目上大，摘魁首！

点评

征文以"我的上大我创新"为题，但征集到的文章中真的聚焦"上大"的不多，或许因为创新已经蔚然成风，创新者自带光环，大学的主题也就淹没在创新的主题之中。唯有这位同学专门为学校设计了一个口衔白玉兰的大鱼形象，寄寓对上大不断创新的体认、赞美和祝福。能创新的学校乃学生之福，能创新的学生乃学校之福！

39 我所看见的世界

⊙邹丰（社区学院 理工大类）

　　作为科幻小说的鼻祖，儒勒·凡尔纳在其多本著作中畅想了未来人类登上月球、潜入海底诸般壮举，然而在19世纪70年代的世界，这些设想被视作异想天开，是无法企及的痴人说梦。美国人还一反所宣称的"科学精神"，拍了部电影想象月球上有妖娆的裸女。当时的世界恐怕没有人能想到百年之后人类真的能走上月球，一解人类几千年的疑窦。

　　与之相似的是癌症，人类亘古的病痛。对于科技创新我亦是深有体会。五年前我曾在一本猎奇故事书上看到了"病灶中癌细胞长成新器官"的设想，其根本立足点是人体的自我调节能力，认为癌细胞作为人体对病灶做出的应激反应，既是出于自身，必不会反戈一击损害人体。说得煞有介事。当时自是觉得惊为天人，但毕竟缺乏生物学常识，不了解体内原癌基因、抑癌基因的复杂作用。待到学了生物，且不说高中课本上都是世人板上钉钉的共同认识，便只是高考范围一条亦足以将"癌细胞再生"的疑惑限制死。高中课本上说不可能，此事悬而未决。所以肖俊杰教授所提到的"癌细胞提供心肌修复灵感"给了我极大的震撼，毕竟人是会景仰自己所展望方向上的前辈吧。

高中是拜语文阅读题尽是时事热点所赐,看了不少屠呦呦教授的采访,也是简谈了发现青蒿素的经过。盖其勤且艰如是,亦有几分居里夫人当年的呕心沥血之苦。诚然进行科研的学者不胜其数,虽能借此功成名就者不在多数,但科研创新中自有一番乐趣,且不说安贫乐道,仅仅是世俗的奖赏或可望的社会地位是不足以让学者面对一个个不可能也终不言弃,甘之如饴的。

自然人才的成长需要合适的土壤,工业革命进行得如火如荼之时,我们正为封建时代的余孽所束缚,待到约翰·冯·诺·依曼提出天才的计算机构想之时,我们在全民抗战,近代发展道路不可谓不艰辛曲折。而在国家大力开展创新改革的当下,大学乃至社会都应该遵循这一方针,在培养自身创新氛围的同时,也为学者们提供更加便捷的平台,毕竟苹果种子不会远离苹果树。从《创新路上大工匠》书中教授们的卓荦风采亦可对上海大学重学术、重创新风气略为探知。鉴于国际上的大学排名很大程度上取决于实验室及其研究成果,对于实验室的完善及人才培养实是重中之重。据书中所述不难看出上海大学作为一所年轻的大学,兼具着雄心与准备。一手持进军世界一流的雄心,一手做脚踏实地的准备。正如张新鹏教授所说,创新有不同种类。算法上可以取得创新,而如今上海大学的发展方向何尝不是一种创新。比如跻身世界顶尖,百年名校的老牌子背后是无数的弯路,而吸取前人经验从而充实自身以发现一条适合自己的发展道路,学校的发展亦可算创新的一种。

在下是一介普通的理工学生,而也正是因为清晰地知道科技创新的基础学科在于数理化生,这"普通"二字似也可以去了。正如《美国众神》中所提到的,普通的豌豆粒在被注视过一分钟后再不会被人们所混淆,经历看似大同小异的众人实则有着灵魂本质上的差异。而相信自己与他人不同,也正是创新所需的基础的一点。一味相信并坚持自己"泯然众人矣"只会让人安于现状日渐沉沦,连做一个新世纪的好公民尚且不够,遑论期待其打破常规创新呢!

将来的学习中,学好课本上已知的知识,固然是最基础的一步,但就连这种说法似乎都停留在中学的口吻上。相信大学较中学更为显著的一点体现在大学强调独立思考与创新思维,而这一点比课外兴趣更能将作为集体的学生区分为独立而鲜活的个体。因为比起我们所输入的,我们的输出更印有个人色彩且因此更有意义。学习是个将输入不断转化为输出的过程,所有汲取的知识都是为了实用而存在,而要有真正的输出,非得将自己独特的思考融入其中。科学创新是思考与观察的产物,就连几世纪以来不断与其争锋的神学,虽然目前大势所趋退居一隅,也是无数虔诚而有才干之人的思想结晶。再者,随着现有科学的不断进步,已知的框架被逐个填满,人类或许能从神学、哲学中寻求未来发展的新思路,毕竟万法宗一,循环论实是蕴含着超越时代的哲理。顾骏教授提到吾辈做出的创新应不仅仅止于外观设计、理念改进,甚至不仅是某一独特方法的创造,而应着眼全局。不说互联网的概念从提出到如今的蓬勃发展用了不到百年时间,常人难以理解的量子力学更被誉为"男孩们的物理学",在短短二三十年时间由年轻的学者们筑起宏伟的殿堂。前人如此,我国学者怎甘居人下呢?

世界的人种在智力上应该是无甚差异的,毕竟属于同一物种。反观那些科学家,获得的成就足以让自己的名字印上中学课本,他们很大一部分是未知领域的拓荒者,第一个发现提出概念,并身先士卒地探索。他们具有的并不仅仅是狭义上的创新精神,更象征了人类精神之火的燃烧。着眼全局方能从容不迫,而若能将创新建立在此等洞察力之上真是再好不过了。

点评

自言自语,旁若无人,如此读后感也自成风格,无论如何总好于没有风格。对过去的学业,对未来的专业,对创新,对学校,乃至对世界,都保持着旁观姿态,采取疏离心态,似真似假,似探讨,似调侃,似对他人,似对自己,似肯定,似否定,不管怎样,讲的多少还是自己有感觉且愿意讲的话。作为读后感,有这一点,足矣。

40 墨香传上大,创新展新章

⊙蒋一玉(社区学院 理工大类)

说起"创新",你的第一印象是什么?

这是我在写这篇文章之前采访许多人的一个问题。创新,在普遍的观念里,就是"new ideas",不同于固有的概念,不同于固有的形式,开启一片具有新的划时代意义的"作品",这常常在作文里提起的字句,说来其实并不算陌生。确然,我们能感受到时代因为创新的引领而不断走向辉煌,产品从手工制作到机器制作,最后发展到被机器人取代,工作、生活在创新的推动中渐渐发生着变化,逐渐由"中国制造"变成"中国创造",新颖、美好、伟大、敬佩……这些词皆不足以描述创新的魅力,创新在我们的眼里俨然变成了"高大上"的代名词。

通读这本墨香浸染的《创新路上大工匠》,走近科学家们世界里的创新,或许是这近距离的"创新",为我展示与众不同的上大篇章。

一、创新的纯粹性与趣味性

上大各位教授、副教授携手合作下成就的这部"上大工匠",给我最为直接的感受不是上大的创新之伟大、辉煌,而是一个又一个简简单单的在自己喜爱的领域里认真做事的人,他们本就是普普通通的人,却在书写着那些不平凡的故事。创新,在他们的眼中,不是要凭借自己多么渊博的知识、超强的能力去打造一个前所未有的未来,而仅仅是纯粹地把小小的"异想天开",通过创新,通过自己努力去实现,始终好奇、执着、不服输。我震撼于郭毅可教授那句"世界上唯一的别人付钱我来玩的职业",科学并没有被枯燥乏味的推导、反复无果的实验所代替,每一步的实验都不是白白地花费时间,而是执着于实现当初的那个或许很小的奇思妙想,那是相信自己勇于攀登的坚持与毅力,乐呵呵地把它看做一件玩物而在科学的广阔天地中玩耍。创新塑造出的伟大的作品,难道不就是由这一个又一个小创意的拼接而实现的么?

不要把创新当做一道难题,别让难题去引导你,让你焦虑不安,正如著名高尔夫球员柯蒂斯那句"如果你纯粹地享受它,它就会出现并给你带来惊喜"。创新,引领着每一个人去走进它的世界,去探索,去翱翔,切身体会科学的乐趣。

二、创新的脚踏实地与天马行空

再来抛出一个简单的问题:你觉得创新难还是不难?我们从两个角度来粗浅地看待一下这个问题。

其一,创新当然难,而且很难。对于一名科学家,敏锐的洞察力、严谨负责的态度、逻辑清晰的分析、坚持不懈的追求、拓展广泛的知识技能缺一不可,这些都是我们今后为之奋斗的目标。然而抛除自身因素,机遇也是可遇不可求的。正如"天时地利人和"这般,每一项的创新与发明对于科学家来说都是一次又一次量变发生质变的过程,也是每一位科学家不断磨砺前行的必经之路,路途未知而崎岖,即便勇攀高峰的初心不变,仍无法忽略砥砺前行的那番苦难煎熬,对于初来乍到的我们,这创新更是难上加难。

其二,创新对于我们而言却也是简单的。我们不曾跨入科学真正的殿堂,此时的我们仅能算做科学大殿的殿前童子罢。"无知者无畏。"我们怀着憧憬、好奇、敬畏的心理,去面对创新路上的难题,我们不会去顾忌所谓理论的行不通,只是根据最实际的心理需求去对创新的目标实现转化,就如同当年造飞机的莱特兄弟一样,因为有了飞上天空的愿望,在当时看来天方夜谭一般的梦想竟然被两个"无名小卒"实现了。这里,我们主要强调的是不为所谓困难而退却,是无所顾忌也去创造,改变"你的问题就是想太多"的自我否定,我们虽没有熟练的技艺、条理清晰的思维逻辑,但是,创新就是从这"胡言乱语""天马行空"开始的新的篇章。

对于上述这番"自相矛盾"的阐述,我想回归的是对创新的认知问题,我们无法用简简单单的"难或者不难"来形容创新这个大问题,科学家们的创新优势是基于严谨的科学性,或许初窥门径的我们优势就在于无知,便是"无知孩童"这般才有那最天马行空的无限想象,肆意地张扬青春。诚然,有勇气也要有毅力,不可或缺的是脚踏实地的学习,与其用一腔热血去描绘向往的世界,如喊口号一般把创新夸大化了,倒不如静下心来落实到每一个创意,点点滴滴,才见真章。

三、创新的预见性与交叉学科协作下的应用

上大工匠铸就的那一件件宝贵的"作品"和风采,就这么徐徐地在书中为我们展现,展现着科学的独特魅力。上大是独特的,不同于有些研究机构专注于前沿论文发表,而在于把前沿应用于实际。应用,在上大的创新中成了一致的目标,从无人艇研制到材料基因挖掘,从云私密的跨越到超导路径的独具匠心,上大的创新似乎跳出了以往的"升级"的思维局限,而是把眼光落在了"人"的身上,专注于人的心理需求或者说是未来需求,用科技弥补人的渴求,这是上大创新独特而富有预见性的眼光。正如乔布斯当年对下属的要求不在于解决当前的困境,而是去发掘人未来的渴望,如此才有了苹果不断进取创新的文化氛围。上大的科技创新,没有所谓市场的利益争斗,亦没有把科技局限在科学家的视野里,而是拓展于应用,让上大工匠的那些艺术品熠熠生辉。

既然说到了应用,同样想说的是上大科学的协作精神。完成这所有的创意,绝不像书中看起来的那么轻描淡写,一个人绝对无法完成一件伟大的作品,在每一件作品背后都有着无数人的坚持与奋斗,有法律,或是计算机,抑或数学、物理、建筑……各个学科的参与协作,是架起沟通的桥梁，没有精通所有的天才，只有点滴构架的上大创作，浸润了许许多多上大人的汗水，他们默默无闻，却不能否认他们作为一名上大工匠的艰辛与付出。

四、创新在路上

我未曾踏进上大的校门，却在这本书的浓墨书香中感受到了上大蓬勃向上的朝气与活力，感受到了上大工匠们勇于探索、执着向前的精神，这是步入大学的第一课，也书写下我大学生活的美好开端。我被书中广阔的科技所吸引，亦为科学家们与众不同而充满青春拼搏的精神所感动，上大学子的目标在我看来并不是去努力地塑造一个自己的作品、达到多高的成就，而是在创新路上奋勇前行，永无止境。相信，我们会给上大注入新鲜的活力；相信，创新等待着我们去开拓未知的可能。

"One you want to wear the crown, bear the crown."这是我在电视剧偶然得来的一句。上大，是人生路上的新一个起点，我们将在上大成长、成才，最后走向社会。即便路途崎岖而坎坷，不会忘记当初追逐的那个梦想。我们无畏艰难，我们享受青春，我们在创新路上！

点评

很想讲出自己的话，努力代入创新者的情景和心态之中，但新的感受往往被纳入旧的表达套路之中，种种已到嘴边的个人体悟最后呈现的却是似曾相识的因循之论，这是此文最令人可惜之处。力图构建"二律背反"式语境，有一定思辨能力，如能继续努力探索，借以时日，收获可期。

41 我的上大我创新
——"无中生有"超越巅峰

⊙余汇涓（社区学院 理工大类）

路灯下的人影时长时短,忽明忽暗,这灯光有些微弱,但这灯下行走的人步伐却异常坚定。他,或者说他们,是谁？是在科学之光下焚膏继晷的先行者。

我,一介书生,注视着前人的背影,目不转睛。能够进入上海大学,对我来说荣幸至极。观历史长河,创新无疑是千万转折之关键,而上大正是秉承这一理念,行走至今,故此乃工匠辈出之地。作为即将加入这一创新阵营的新手,我心中有三大感受,即惊、喜、怕。

惊是震惊。我的惊讶源于全校师生的热情与钻研精神,而此又是创新之所需,故曰上大之工匠正行走于创新路上。我不曾参与科研,但仅是一睹冰山一角,便深陷其中。前一秒还在惊叹大数据中"贝叶斯方法"与人特有经验的新颖结合,后一秒又仿佛站在观光船上看无人艇的灵巧游走；上一秒还身处被称为"中国药谷"的张江高科技园区,一览化合物分子库之高效,下一秒又步入信息世界,AVS标准下"脱水式"压缩音视频令人叹为观止；突然间场景转换,又置身于"心脏工程师"寻找能使心肌细胞快速增殖方法的现场。各领域瞬息万变,却都与创新息息相关。与此同时,我看到上大师生们在以上种种领域中毅然前行。在这里,他们相互鼓励,相互促进,一方面他们是普通的教育者和学习者,另一方面,他们是科学家。一次次的思维碰撞,一次次的灵感乍现,一次次的刨根究底,终成为其成功的铺路石,也成为我憧憬这片土地的缘由之一。

喜是欣喜。十年寒窗终结果,我收到录取通知书时,松了一口气,同时有些许喜悦之情涌上心头,突然想起余秋雨的话:"你们要寻找远方的自己。"这里的远方是未知的彼岸,是等待我们去探寻的一方天地,一想到将来能够与那里充满斗志的师生们共处,也许自己会亲身体验创新或是有机会亲睹前沿科技之风采,内心的激动就无法平复。

怕是害怕。作为新人,初到一个陌生环境,对各方面都不了解,而且也是第一次客居他乡,既害怕跟不上创新的步伐,也怕这陌生感无法消退,让自己止步不前。但转念一想,这种轻微的畏惧人皆有之,既然来到上大这样一个人才汇集之地,周围创新之风盛行,那恐惧必会随风消散吧。

在书中,蔡传兵老师写自己博采众长的成功之路;许斌老师写自己参与 NIH 关于疾病治疗的研究;肖俊杰老师写自己拒绝导师给的五个方向,敢于坚持自己的创新方向;金东寒老师写自己学徒生涯的勤学苦练……种种经历带来的不仅是众多科研前人的指导与熏陶,还有游学各国时自我境界的提升。在上海大学,像他们一样为了钻研某课题不懈坚持数年的师者不计其数,是他们岁岁年年的努力,成就了如今这激流勇进的上大。感谢顾骏老师对各位大工匠们的采访,他将他们的专业言语"翻译"成了现今这本书,让我有幸窥见另一方天地之一隅。

我依然站在原地,注视前方许久,发现前人的身影渐行渐远,开始向中心聚拢,最终模糊成一点。前人已去,是"不必追"吗?想到这里我却生出一种奋起直追的冲动,于是我开始伏案规划未来。未来是什么?下一秒,明天,十年后,甚至亿万年后都归于未来,但人的时间轴就个体而言不会无限延伸,故此处就粗略地从学习工作和生活出发,谈一谈未来。

在校的学习和工作后的学习都离不开"守"与"创"。"守"乃保留，归于学习可指温故，"创"乃创新，归于学习则指知识的拓展。前者的关键在于"勤"，勤于温故，不仅可强化，且能知新；后者重在发散思维，在科学家的故事里，有的想法存在梦里，有的想法藏在苹果树上，还有的想法深陷前人的错误结论中，科学家们利用异于常人的思维方式解救出一个个被后世信奉的真理。说是异于常人，并不代表常人就无权有这种思维，在未来的学习中，我希望并坚信这种思维能成为自己前进的向导。从生活看，大同小异，侧重点则在于日常细节中的大道理能否被找寻，进而到达生活中的无人区。且不看将来是风平浪静还是激流险滩，只要脚踏实地走好创新之路，万难皆迎刃而解。

故不是"不必追"，而是在适当的守旧中探索未知，在已有的经验上开启想象，在动手的同时多动脑，在学习技能时更注重核心思想。尽管从现在的自己到远方的自己，从跟随到引领，会是一段长途，可谓路漫漫，但上下求索在所不辞。

古往今来，时代更替演进，工匠精神代代传承，每一个时代都有与之对应的核心引导力，在这个有着大家风范的时代，创新便是那核心。我的上大，我创新；中国的创新路，大工匠们各显身手。"中华的复兴不是脱离谷底，而是超越巅峰！且让我们拭目以待"。

点评

这是一篇"内窥"式读后感，全由阅读之后的自我观照组成，不失为一种写法，而且还是一种有作者自己风格的写法。有所感，自然有所发，但如果能带来对自我的深度认识，那叫反思，如果终止于这种状态，读后感便成为自言自语。通过认识自己，让面向外部世界，改变外部世界的行为更加合理有效，"内窥"只有在这个意义上同创新相关，仅仅作为自我打气，是不够的。

42 我为创新路上大工匠点赞

⊙万事胜意（社区学院 理工大类）

收到上大的录取通知书，心中激动不已，读完还带着油墨香的《创新路上大工匠》，心中更是慷慨激昂！这本书让我知道了一些前所未闻的知识，了解到了大工匠们许多含辛茹苦的经历，感受到了他们众多成就的来之不易，让我情不自禁地想为创新路上大工匠点赞，为坚持不懈并热爱科学的教授和研究员们点赞！

我为创新者定义的创新精神点赞，他们告诉我，人要拥有文化的自信。

无人胜有人的上大无人艇"精海号"系列的故事留给我的印象最深刻，在无人导演的"乌龙"中"横插一枝花"的事情真是十分有趣，就好像武侠片中突如其来的磨难不仅没有让主角丧失意志，反而是主角以自身实力最终战胜困难，博得众人认可，真叫人扬眉吐气，心情爽快。

在上大鼓励创新的机制下，就无人艇研发而言，创新就是把来自不同领域的诸多元素，按照不同方式重新组合起来，让自然的、人为的和工业批量生产的元素组合在一起，再注入70后的经验与支持、80后90后的大胆创意，经过整个团队齐心协力的合作，才拥有了在无人系统普遍采用的局势下熠熠发光的超级无人艇。当"精海号"无人艇攻克了一道道难关,最终于惊涛骇浪之中一往无前的时候,我看到的是年轻工程师给创新的不同定义;看到的是整个团队多年来的潜心专研;看到的是激荡于创新中的青春,还有"运筹于帷幄之中,决胜于千里之外"的未来。

我为工程师追求的创新精神点赞,他们教会我,人要拥有坚定的信念。

产学研一体化道路上的"超导"路的故事也令我赞不绝口,最令我慨叹的则是蔡传兵教授在探索历程中的创新精神。在超导材料研发的过程中,从金属电缆到有神效的"功能膜"的性质介绍,从气相沉淀到溶胶涂抹的技术比较,真是让我见识到了什么叫创新的力量,这些不断的分析与实验、思考与评价,才让我们的技术和别人的不一样,让省时降成本和批量化却高质量生产成为可能。另外让我记忆犹新的还有蔡传兵教授坚持自我的独到见解,当周围的人都不愿意再坚持下去、导师也劝他改变方向的时候,他仍坚持研究超导,横下心来实现心中的梦想,这份执着让我刻骨铭心!

正当我们在低成本高温超导带材产业化道路上飞速前进的时候,我看到的是他们奔跑的信心,正如蔡传兵教授所说:我们正从跟跑发展到并跑,争取不久后做到领跑。

我为爱玩者享受的创新精神点赞,他们提醒我,人要拥有活泼的天性。

最令我佩服的就是这位用大思想思考大数据的郭毅可院长。因为我也是玩心很强的人,但又感觉这份骨子里的玩劲不应该是荒废青春的导火索,而应该放在有用的地方,就好比能够从事自己喜欢的职业,既能养活自己,又能享受其中的乐趣一样,你将贪玩视为陋习,而我却能借贪玩的那股劲有所作为。这正是我渴望去做、一想到就热血沸腾的事。

从郭毅可院长提出的将坟墓变成注入人的DNA信息的有800年生命期的橄榄树,巧妙地将创新与创业联系在了一起;另外郭毅可院长让创意通过大数据转化为现实的故事也让我大开眼界。通过大数据对彭丽媛教授的照片进行计算与建模,最后不需现场测量和反复试穿就可以送给彭麻麻一件十分合体的披风,这才叫做惊喜,这也体现了大数据在现实生活中不容小觑的力量,我认为,这也正是当下"淘宝"需要创新的方向之一!如此一来,创新与创意真是天造地设地结合在了一起。

前文的事例我从书上读来已觉妙趣横生,"……这很难,但也因为难,所以好玩。"郭毅可教授的这句话更是让我不由佩服,这番迎难而上的精神,正是爱玩者能享受乐趣的根基吧。

上海大学,我人生的新起点。现在,我对未来的学习、生活有了更进一步的想法。

学习有用,我愿意学习。

学海无涯苦作舟。学无止境为何还要不停地汲取知识?在我看来,因为我能通过学习,无论是帮助我去更全面、更深入地了解这个世界,还是在做学问搞科研的时候能学以致用,化知识为工具,不断创造出价值,这些都需要我有不断更新的知识储备。正如书中王国中教授说的那样:"我学习能力比工人强,因为工人们靠经验,而我有理论基础,能够把从工人那里学到的操作经验,提升为理论认知,'知其然'而且'知其所以然'。"这更是让我意识到学习知识的重要性,学以致用是最终目的,而学习就是登高用的梯子,是工具,是创新路上的利器。

所以,我的学习生活应该丰富多彩,技多不压身,怕的就是肚子里没墨,脑袋里没货。我期盼在未来的四年乃至更长时间里,上大就像上海这座城市一样,将证明我的选择是明智的、正确的;期盼通过在上大的学习,让我能为上大的创新增添新的活力,能为某一个领域的发展锦上添花,能为创新路上的大工匠们点上一个不一样的赞!

万众创新蔚然成风的当下乃至今后,上大人才辈出、成果涌现的局面完全可以期待。我的上大和我的国都厉害了,所以我也得厉害起来,让它们更加出类拔萃!

点评

通过阅读,从上大的科学家、工程师身上,不但看到文化自信的具体实现,还信心满满地制定了接下来四年的学习规划乃至未来创新的目标,很好。大时代的大学生,需要这样的见地和胸襟。书看得很细,例子选择也有聚焦点,表现出一定的分析和概括能力。如果能注意提取自己感受,形成明确的观点,文章可以更好,创新意识也会更加清晰。其实,题目就是一个指示器,"点赞"属于泛泛而论,平庸了。

43 数据改变生活

⊙白皓天（社区学院 理工大类）

周遭的一切在飞速改变，以一种不为一般人所察觉的方式，各种个人信息泛滥，算法决策，渐渐掌控了一个人的所有。李世石的大败，AlphaGo横扫世界棋手，如此一来，当数据大军向我们的未来进军的时候，我们能否做到正确引导，又能否在未来顺应数据发展，成为当下不得不考虑的问题。创新在我看来，不仅仅是人类自己在寻找好玩（当然自己可以将此作为动力），而应该是决胜的长戟，所谓不进则退。历史的洪流绝不会怜悯失败者，若中国不具有危机意识，那么只会重蹈清朝灭亡之覆辙。

危机意识要有，但我同样也赞赏上大老师们的科研精神。阅读《创新路上大工匠》一书，不得不说，感觉作者都是回顾并沉浸在自己的事业之中。为何言沉浸？例如心脏工程师肖俊杰老师，在谈到他关于心脏的研究时，整个人便进入角色，从心脏跳动原理到心脏的修复，一条条展开，他的创新便是想在国际心脏研究领域大展身手，跨过人类的生命之坎。不得不说使我感到了一种由衷的快乐，这种快乐并不是来源于我，而是他本人的快乐传给了我。当一个人为自己的事业鞠躬尽瘁，在获得成就的同时能够在所做的一切本身上获得喜悦，实为难得。那是多少人梦寐以求的啊!

　　创新在某种意义上,并非是突发奇想。这简单的道理是我很久之后才懂得的,就如同电影《阿凡达》,对,它的确是虚构,也的确是想象,但是这种想象以及所关联的一切,包括星球上的植物、悬空石、土著人林林总总的关系网络以及符合人类认知的科学定律,需要完全具备,这样才不愧被称为科幻巨作,因为作者创造了一个世界。同样道理也适用于创新,想当年量子理论刚刚出世,如同初生的幼芽,经不起风雨摇曳,破土之难,难到普朗克本人都踌躇不定,再加上极力反对者,科学大咖爱因斯坦先生的"阴云"笼罩,这苗是活不成了,而正当几乎所有人为此惋惜时,其创造者给予它以严密性、可行性预测并证实了现实中的种种难题。所以说,如果仅是突发奇想,完全可以不定义量子这个概念,想成任何其他的事物都能做到惊艳世人的效果,可是是否使用,疯狂但是否疯狂到合理的地步,这直接决定了你是在胡思乱想还是创新。

　　从我自身而言,我求学期间成绩不算优异,却保留了自身从小舍不得丢弃的好奇,并严密地用布条裹着,因为我无法对我从未从事过的创新自言喜爱,甚至近10年来的流水线教育课程令我深感厌恶。我无法做到如爱因斯坦先生那样一气之下丢开课本,跷起脚大喊不要这些无用的东西,只能将自己躲藏在午间寝室的角落,读各种各样的书。尽管如此,创新仍然在我心目中占据了无法割舍的地位,它不仅仅是我追逐梦想的必经之路,同样也是我前往那个令历史上许多伟人们心驰神往的世界之路,就算生命为此而消逝,可我会获得一种超然与宁静,那个世界是所有科学家为之而奋斗的真相宇宙的统一定律,也是烦恼整个人类而且永不知道休止的哲学问题——我们从哪里来、又到哪里去的最终答案。若舍此,我们不过是永远行走在世界上的尸体,是人生如逆旅的行人。

　　不由得畅想我们的未来,第四次工业革命的脚步正悄然跟进,数据改变生活的理念必将为越来越多的人所接受。如同德国作家最近所写的一本《未来生机》所描写的那样,每个人都带上了智能眼镜,至强的算法将你从脚趾到头地透彻到底,你此刻所想与你此时想做的任何事情都瞒不过它,当然不能否认跟随自己的"感觉"是一种由衷的愉悦,但万一连感觉都可以被控制呢?曾经有一个头盔通过电流磁场控制人脑,使一个未经训练的人竟能与数个匪徒(伪装)战斗,并且带给他的是一种自己思考出来的感觉,这就极端恐怖了,人们妄谈自由胜过一切。所以为何要创新,相信该段的例证能够说明,能够在未来保全自己。

创新在本文中已被涂抹了许多额外的色彩,这并非是出自我自称的"本意",但我认为事实即为如此,生于乱世不得不自危,隐藏在和平年代的暗流正在涌动,只是希望在今后的生活中能够以一种更为积极的心态,一种玩耍的心态来看待创新,并且暂时把我的想法与意志铸成一把利剑,假以时日越磨越尖,迎战未来的洪流。

点 评

这是所有征文中色彩最为沉郁甚至阴郁的一篇,之所以选入,不是因为编者相信生活应该有最多样的色彩,而是科技创新从来就是利弊皆有,犹如应试教育一样。在同学们一片乐观、信心满满的行进路上,保持一份理性冷静,一份严肃思考,是必须的。人类在任何时候,都需要心态的平衡,在历史转折时刻,更应如此。观点如何并不重要,重要的是有不同观点。

附录一 "我的上大我创新"新生征文比赛邀请信

同学：你好！

欢迎来上海大学学习，未来的四年乃至更长时间，这所学校就像这座城市一样，将会证明你的选择是明智的、正确的。

为了让你更好地了解上海大学，学校随同录取通知，赠送社会学院顾骏教授主编、共有11位教授和副教授参与撰写的《创新路上大工匠》。这本书由上海大学出版社出版，由上海高校后勤集团、上海教育超市资助，赠送给2017年每位上大新生，包括本科生、研究生和博士生。这本嵌入了"上大"的名称、还带着油墨香的新书，可以作为一个窗口，让你了解大学里老师们如何开展科学研究，如何探索技术创新，如何为国家、为人类作出贡献。

今年11月，上海大学将承办第15届"挑战杯"全国总决赛。为了让你从入学就确立创新的志向，思考未来的学习方向，学校决定面向2017年本科新生，开展以"我的上大我创新"为主题的征文大赛。获奖同学将获得同上大著名教授对话交流和参观实验室的机会，并在大会上作主题演讲，以精彩的亮相，开启你在上大学习和生活的新阶段。

祝你假期愉快！阅读愉快！写作愉快！进入上海大

学学习愉快！未来创新更愉快！

上海大学招生办　教务处
2017 年 7 月 10 日

附　征文要求：

1. 面向上海大学 2017 级全体本科生。

2. 认真阅读，写出对科学家创新的真切感受。从教师的探索和发明，体认学校的创新精神，联系自己未来的学习、生活和工作。要求有理有据，观点明确，论证充分，结构完整，文字通畅。我们将组织主要由作者组成的专家委员会，审读并评选出获奖同学若干名，予以表彰，优秀征文结集出版。

3. 以论述文为文体。

行文用宋体，小 4 号字，1.5 倍行距。字数不少于 1 500 字。

文章标题后另起一行，标明作者姓名、院系、手机号和邮箱。

截稿时间：2017 年 8 月 31 日中午 12:00。

投稿邮箱：daguofanglue@163.com（只接受电子稿，投稿邮件主题与 word 文件名为："姓名＋院系＋征文标题＋手机号码"）。

附录二　感受创新，体认中国
——《创新路上大工匠》设计思路

⊙顾　骏

各位同学，各位老师：

晚上好！

欢迎大家，也感谢大家来参加今天的公开课和出版论坛，这是对课程思政和主题出版的最大支持！

在这里，我特别感谢上海大学2017级新生中，参加"我的上大我创新"征文比赛的同学，因为你们214篇文章让我第一次有了直接同读者对话的机会，启示了我以后设计主题出版物时，可以有哪些进一步的改进。

有个同学在感动于上海大学教师的创新精神和为国家作出的贡献之余，提出一个小小的不解："为什么这本书里只记录了理工科老师的创新事迹，而没有文科或艺术类的创新？"

我说这位同学不但看得仔细，还有自己的感想，非常好，借今天的机会，来做个解释。

首先当然是因为这本书篇幅有限，上海大学能够创新的老师太多了，没法全部收入其中，希望后续我们还有机会，让更多的有创造力的老师走进本科生课堂，走进类似《创新路上大工匠》一样的书籍。

更重要的是，作为主题出版物，我们希望在有限的篇幅里，突出"创新"和"中国"两个主题。具体记录哪个学科或领域不重要，让读者阅读之后，知道创新对当下中国的重要性，从而树立和增强创新意识，才是这一本书必须承载的功能。

所以，正如许多同学都注意到书中的一节"创新之道就是创新者愉悦之道"，发现各位老师都讲到创新过程中的快乐，无论是发现未知，还是解决问题，还是实现人生境界的提升，都伴随着快乐和幸福。当然，一些有独立想法的同学也提出，除了个人喜欢之外，还应该有家国情怀和历史担当。这个想法很好，也正是书中每位作者的抱负。但在一本关于创新的书里，为什么要突出创新者的愉悦？道理很简单，因为报效国家可以有多种方式，现实存在个人选择的空间。如果能找到既为国家急迫需要、又为个人发自内心喜爱的专业方向，不是更好吗？创新很少一帆风顺，无论在顺或不顺的时候，发自内心的兴趣，才是永不枯竭的创新动力源！

其实，不仅创新需要关注创新者的愉悦，主题出版物也需要关注读者的愉悦，让一本不可避免地带有专业性的书具有可读性，读者能跟着科学家、工程师，去生活中可能熟悉但专业上绝对生疏的领域，遨游一番，在愉悦中接受主旋律，才是主题出版物达成目的的最佳路径。本书在设计中尽可能采取创新的方式，特别是使用采访方式，而不是较为简便易行的方式，比如向有关作者征稿的方式，来完成此书的编写，就为了增强书籍的可读性，让弘扬社会主义核心价值观成为一个愉悦的过程。

同学们还注意到，几乎在每一章里，作者在介绍自己的创新发明后，都有一些基本判断，中国在这个领域的整体发展如何，在世界范围达到了什么水平，是跟着别人走，还是与别人并肩走，还是走上了自己独立的研究路径。同学们关注这个点，说明大家都是心怀家国之人。这本书就是希望通过上海大学创新者这一个窗口，让读者看到中国在自主创新方面的进展，包括已经取得的成果、已经获得的地位和未来的奋斗方向。中华民族要屹立于世界民族之林，自主创新是不可或缺的一个方面。有同学专门摘出了书中所说的"非大时代无以孕育大工匠,非大工匠无以催生大时代",就是读出了这本书宏大叙事的基调。作为主题出版物,必须从大处着眼、小处着手,通过一个个奋发有为的科学家、工程师,折射中华民族伟大复兴的时代光芒!

征文里还有许多很有见地的评论,这里不能一一交流。重要的是,同学们活跃的思想和丰富的观点,让我们看到,这本书刻意突出的"感受创新,体认中国"的主旨,在作者讲述的有趣故事中,得到了有效的传递,《创新路上大工匠》的设计意图得到了符合预期的实现。

谢谢同学们,谢谢大家!

此文为2017年9月27日在上海大学"'创新中国'公开课暨《创新路上大工匠》出版论坛"上所作主旨演讲的成文稿

附录三 "创新中国"课程:"同向同行"的平台设计和教师组织

⊙顾 骏

习近平总书记在全国高校思想政治工作会议上指出:"做好高校思想政治工作,要因事而化、因时而进、因势而新。要遵循思想政治工作规律,遵循教书育人规律,遵循学生成长规律,不断提高工作能力和水平。"他特别提出要"使各类课程与思想政治理论课同向同行,形成协同效应"。"同向同行"的要求不但具有明确的现实意义,而且具有深刻的理论价值。

一、"同向同行"的现实需要和理论依据

就目前高校教学的实际情况来看,"同向同行"的目标达成离不开对两类不同学科的把握和对不同学科教师的引导。在现代学科分野中,存在着知识性学科和规范性学科的区别,前者着眼"实然",追求"真实",强调不以人类意志为转移的"规律";而后者着眼"应然",追求"价值",强调体现人类需要的"逻辑"。

在高校的课程设置中,绝大多数课程属于"知识性学科"范畴,自然科学不用说了,就是研究人类的学科中除了研究作为生物体的那部分学科,如生理、体质、心理等更接近自然科学的之外,经济学、社会学、法学等研究人类宏观表现或集体行为的学科,也有自觉向自然科学靠拢的倾向,所谓"社会科学"与"人文学科"相区别的说法,就反映了这一点。在这一学科分野的视野中,思政课程包括其组成学科如哲学、德育等,属于严格的"规范性学科",所谓"教书育人"不是不讲授自然或社会知识,而是更强调世界观、人生观和价值观等"做人的道理"。

知识性学科和规范性学科的分野在学科研究中是必要也是有益的,但在实践中,要精确区别两者,视之为互不相干甚至彼此对立的,则既无必要也不合理。因为人类的价值规范必定受到自然规律的约束,"知其不可为而为之"贵为人类自由意志的表达,理应得到尊重乃至推崇,但超越自然和社会规律的边界,"唯意志论"只会带来破坏性乃至毁灭性后果。自改革开放以来,中国遵循市场经济的原理,取得举世瞩目的发展成果,证明了马克思关于"人类不能自由选择生产力""经济基础决定上层建筑"等规律性认识的正确。反过来,只要有人的参与,自然科学更不用说涉人学科必定受到制度和文化的影响,在应用型领域,还必须服从社会的特定需要。知识性学科和规范性学科"相互渗透、相互融合"的特性,提供了"同向同行"的理论依据和现实基础。

然而,国内高校一定程度上又存在明显的知识性学科和规范性学科间的壁垒。在大力发展经济、强调科技创新的当下,对工具性或技术型人才的迫切需要,造成应用性学科包括自然和社会科学学科得到更多的重视,因为"发展就是硬道理",不能当下带来效益的规范性学科明显处于"说起来重要,做起来次要"的暧昧状态,加强思政课程及其教学效果的要求,由此而来。所以,"同向同行"的提出不仅具有指引高等教育学科教学未来方向的意义,而且具有对目前学科教育存在不足的警示意味。

基于当下国情,加强高校思想教育无法采用大量增开狭义的思政课程的做法,这里不仅涉及学科专业的课程结构,涉及学生创造力和竞争力的养成,还涉及思想教育本身的效果和效率:如果不能创新方法、改进效果、提高效率,单靠增加课时仍然难以奏效。更何况,放弃众多的知识性学科可以为思想教育提供的空间,也是教学资源的浪费。加大课程开发和教学创新的力度,突破现有的知识性学科和规范性学科各自开展、不相往来的格局,实现相互渗透、彼此融合的"同向同行"因此成为必要。

二、"同向同行"的课程设置

"同向同行"首先必须解决课程设计和教师组织问题,而且两者是紧密联系在一起的,没有合理的课程设置,教师使不出劲,而课程设置再好,没有相应的师资配备,也无济于事。

按照现代社会分工,不同学科的教师"术有专攻",受到学科视野的严格制约,这一点在中国科学家或工程师那里特别明显。西方有许多大科学家同时是艺术爱好者、哲学家甚至宗教思想家,而在中国,科研工作者的活动领域相对狭窄。这虽然有助于他们集中精力攻克技术创新难关,但也一定程度上阻碍了他们思考和表达的拓展。所以,简单将思想教育内容纳入知识性学科,很难取得预期的效果,合理方法是搭建跨学科的公共平台,建立同时包容规范性学科和知识性学科的课程,形成两类不同教师的联盟,争取使知识教育与思想教育相得益彰。

2014年冬季学期,上海大学社会学系顾骏教授、思政教育专业顾晓英研究员和历史系忻平教授共同发起,运用上海大学于2007年首创并获得国家级教学成果奖的"项链模式"(即以思政教育为主线,由专职教师与不同学科的兼职教师联袂授课的教学模式),富有创意地开设了跨学科通识课"大国方略"。课程以"从世界走进中国到中国走进世界"的历史性转变为主题,针对这一过程带来的机遇和挑战,设置十个专题,包括"中国是一个大国吗?""中国梦,谁的梦?""中国道路能引领世界吗?""中国高铁驶向何方?"等,吸引思政、社会学、法学、政治学、历史学、经济管理等人文社会科学的知名教授,在同一个课程平台上,运用不同的学科视野和理论框架,向本科生展示国家发展的重大进展,揭示大学生可以由此获得的多方面机会,引导他们在两者的交汇点上,定位个人成长。"大国方略"深受大学生欢迎,至今已连续开设7个学期,180个选课名额每学期都被一抢而空,教室里旁听的学生席地而坐,成为一景。

在初次尝试取得巨大成功的基础上,课程团队于2015年开设了跨度更大、涉及专业更多、难度也更大的通识课——"创新中国",彻底打通文理、社会、艺术、经管、法学等传统学科的界线,把上海大学最强势的学科和专业,引入课程平台,大数据、信息安全、发动机、材料基因、心脏修补、超导材料、无人艇、公共艺术、影视制作、建筑、风险投资、知识产权、社会交往网络等知识性学科的内容,通过5个层面的问题,即"世界等待什么、国家需要什么、上海承担什么、上海大学能做什么、大学生该学什么",把思想教育的目标要求与不同学科的创新发明紧密结合在一起,让90后大学生在技术创新这一很容易陷入"工具导向"的主题上,感受到国家发展同个人发展的相互促进、彼此依赖,为整体上实现不同学科与思想教育的"同向同行"奠定了基础。

"创新中国"学科跨度这么大,而且对选课学生不设门槛,没有专业、年级和先修课程的限制,为的是给不同学科与思想教育良性互动、相得益彰提供最大的空间和余地。"创新中国"没有把专业内容简单作为思想教育的载体,不要求科学家或工程师脱离本身专业发表"高大上"言论,因为单纯说教无论在思政教师还是科学家那里,都难以产生良好的效果。课程的设计思路是科研工作者只需要聚焦自己某项研究成果,在展示专业价值时,重点揭示其对国家发展、民族复兴和人类进步的意义,有助于培养大学生的政治认同和文化自信,养成他们愿意为国家强大和民族复兴作出贡献的意向、决心和行动,"同向同行"就在其中。四个学期的教学实践证明,越是专业上有成就的专家教授,其为国奉献的情怀就越强烈,其现身说法就越能获得大学生认同,其专业知识的讲授也越能收到思想教育的效果。

三、"同向同行"的教师组织

平心而论,通过合理设计课程内容和形式,让不同学科教师进入思想教育的公共平台,这并不难,毕竟教书育人是绝大多数教师的共同心愿。但要保持高水平教师队伍的稳定,保证课程的持续性,实现课程开发的系列化,则必须突破现行教学体制的瓶颈。上海大学在

2014年开设"大国方略"课时,参与教师10余位;2015年开设"创新中国"课,参与教师30余位,至今都未曾中断;2016年又新开设"创业人生"课,把教师资源进一步拓展到全社会,10多位成功创业者走进课堂,对大学生现身说法,面授创业机宜。如何让知名教授在本身教学科研繁忙的情况下,保持参与思想教育的积极性,堪称高难度技术活。

作为通识课,"创新中国"有3个学分,除了课程主持教师工作量较大之外,其他教授通常只有1课时的教学时间。授课时间不多,但备课要求更高,实际投入的精力和时间并不少。但一则无法计算工作量,二则学校也不可能为1门课,破例给30多位教授发放课酬,三则同专家在服务社会中获得的经济收入相比,学校即便尽其所能,给出的报酬也微不足道。无法用物质利益来调动教师参与思想教育的积极性,是"创新中国"等课程面临的"刚性约束"。

"穷则思变",没钱是难处,但也有好处,"创新中国"课程志愿者团队应运而生。

"创新中国"课程共由10讲组成,每讲1个主题,都同创新有关,分别由两位来自不同学科或专业的教授主讲,整个课程由课程策划人顾骏和顾晓英担任主持,沟通师生,引导互动,确保思想教育内容贯穿于专业知识的讲解。由于知名教授科研教学和服务社会十分繁忙,有时需要调整主讲教师,所以,4个学期下来,实际进入团队授课的教授达到了30多位。

作为高端教学平台,"创新中国"对教师的要求颇高,必须满足4项基本条件,才能担任课程主讲。一是必须来自市教委认定的"高峰高原学科"和强势专业,这样才能让学生清楚了解国家相关领域的前沿发展,激发大学生的国家认同和创新意识,所以,"创新中国"课程团队中有工程院院士、上海大学校长金东寒,973首席专家、上海大学党委书记罗宏杰,上海大学计算机学院院长、英国帝国理工学院数据研究所所长郭毅可,还有多位国家"杰青"、"万人计划"领军人才、"千人计划"专家等顶级教授。二是必须具备较高的授课水平,能够立足学科又不囿于学科,在有限时间内,面对非专业学生,把专业内容讲活讲好。三是必须对教书育人有高度责任感，愿意把思想教育的内容渗透在讲课中，同大学生分享科学家的家国情怀。四是不计较教学工作量，不要求经济报酬，能挤出时间，以义务的形式，完成额外的教学任务。所以，"创新中国"课程团队的教授是名副其实的"思政志愿者"。

有了优秀的师资，专业教育与思想教育的"同向同行"才能成为现实。自2015年冬季学期起，"创新中国"连续稳定开课4个学期，共计有700余名大学生选修，另有100多名大学生和上大附中学生旁听。根据课堂教学录制的"慕课"在2016年秋季第一次上线就获得全国201所大学订购，约11万名大学生选修，依托"创新中国"课程，"同向同行"已经走出校园、走向全国。

四、"同向同行"的平台"黏性"

在大学普遍存在教授不重视教学、大牌教授难以协调的情况下，上海大学"创新中国"课程却以"思政志愿者"的定位，组织起强大的教学团队，并保持人员不减、队伍不散，其核心机制是核心成员精心为教学和教授服务。

课程策划人知道，每一位教师内心深处都有一个愿望，就是"得天下英才以教之"，只要把课堂设计好了，氛围营造好了，学生调教好了，教学可以成为一个令教与学双方都非常愉快的过程。为此，"创新中国"课程从一开始就被精确定位于"为好学生找到好教师，为好教师找到好学生"。现在好教师有了，怎么找到好学生，就成为关键的关键。

随着智能手机的普及，大学课堂上"低头族"越来越多，教师讲课，充耳不闻，点名提问，直接上网搜索现成答案，不要说思政课难上，就是关系学生未来就业的专业课，同样可以让教师味同嚼蜡。要用教学乐趣来吸引住知名教授，必须改进教学方式、营造全新的课堂氛围，而这一切都必须从激发学生变低头为抬头、变被动为主动开始。

"创新中国"每一讲都从设问开场，包括"创新何以成大国重中之重？""有BAT，中国就是互联网强国吗？""人类能创新自己吗？""如何防范创新中的风险？"直到最后一讲"创客中有你我吗？"，让学生看到题目自然进入思考，寻求对问题的理解和回答。

"创新中国"课堂气氛极为活跃,担任主持的教师充分发挥表演才能,用诙谐幽默的语言风格,确保大学生从讲课开始到结束,始终处于适度的亢奋状态,保持精神专注、思想活跃和互动积极。

"创新中国"每讲 3 节课,在鼓励学生随时提问之外,还把第三节课专门用作师生、生生的互动,课堂上师生间平等对话,彼此"诘难",不但要求理解知识,更重视思想方法的正确和语言表达的到位。

"创新中国"涉及学科众多,非专业学生难免遭遇知识准备不足所带来的困惑,主持教师除了提醒学生要关注创新甚于专业知识之外,一方面会随时从教师讲授的内容中,发现学生一时难以理解的部分,为主讲教师创造进一步解说的机会;另一方面则会从学生所提问题中,找出其思维上存在的问题,以增强他们的领悟和表达能力,让专业知识变得容易理解和接受,提高了课堂教学效率。

活跃的课堂氛围和善于提问的学生,让初次来到"创新中国"的教授们大感意外,深为课程所吸引。有一位澳大利亚教授在上海大学参加心脏研究学术会议期间,做客"创新中国",讲完之后,大学生踊跃提问,师生对话全用英语,外国教授连说难以想象中国大学生如此"有想法"。

教授的感觉好了,大学生是最大的受益人:师生良性互动从课堂延伸到了实验室,大学生受邀来到科研现场,感受教授创新的真实氛围,有的学生就此选定了自己的专业方向和学术导师;教授不但在课堂上答疑解惑,还贡献出自己的社会关系,让大学生前往企业和科研单位参观考察;教授不但作为组成人员参加"创新中国"授课,还主动提出担任新开设课程的领衔人。2016 年冬季学期新推出的通识课"创业人生",领衔教师就是参与"创新中国"课程的一位管理学院教师。所有这些课堂内外的资源,都是身为思政志愿者的教授们作出的不同形态的自愿奉献,上海大学知识教育和思想教育的"同向同行"因此生机盎然、势头强劲。

习近平总书记在全国高校思想政治工作会议上的讲话,给高校和教师都提出了很高的要求,教书育人是一项崇高的事业,需要高校教师恪尽职守、奋发有为。上海大学发挥上海高校思想政治理论课名师工作室"顾晓英工作室"的学科优势,借助课程平台,通过思政志愿者,在"同向同行"上取得了初步成就,"创新中国"团队有信心也有决心,继续探索,不断创新,为培养堪当大任的新型人才作出不懈努力。

此文发表于《中国高等教育》2017年第5期

附录四　传统文化与当代青年

⊙顾　骏

我们讲"传统文化与当代青年",不是简单地把继承传统文化作为现代青年的义务,而是看作同学们可以得到的一笔财富,同时,权利义务对等,当代青年应该也能够为民族文化的传承和弘扬做些事情。

一、中国崛起背景下当代青年的机遇与挑战

2008年金融危机重创了许多国家,在世界经济一片萧条之中,中国是不多的几个亮点之一,这是全世界都认可的。关注这一点的意义不仅在于当前,更在于未来:这场危机会不会带来世界格局大的变化?在新的格局中,中国可能占据一个什么样的地位?当代中国青年在这个格局变化中可能获得什么机遇?我们可以有何作为?

世界上的事情不怕做不到,就怕想不到,想到的事情不一定能做到,想不到的事情连做的可能性都没有。同学们相信个人的努力,但个人努力能否产生预期结果,首先不取决于个人,而取决于个人努力是否与社会走势相一致。否则,个人努力可能只是一厢情愿的徒劳。在确定目标、做出努力之前,我们必须先把形势看明白,然后在这个大势下,选取自己的位置,规划自己的努力。

中国的崛起给青年人施展才华、实现自身价值提供了空前宽广的舞台。正如中国军舰远赴索马里护航,为海军战士提供了远洋空间,中国在世界许多国家建立孔子学院,也为上大文学院的学生提供了到那里当教师的机会,没有中国的崛起,没有中国文化在世界影响的逐渐扩大,到哪里去建孔子学院?谁来学中国文化?同学们到哪里去当这样的老师?

中国崛起的势头已经出现,但整个局面还没有形成,这个当口机会最多,而且常常出乎人们的想象。一旦局面形成,许多机会就成为"过去时"。这一代青年的最大幸运就是身处格局形成的过程之中,会有许多机会,但要把握机会,首先得有判断大局、把握大势的能力。今天谈世界大局,离不开中国的崛起,而中国崛起必然伴随文化的复兴。

二、凤凰涅槃:传统文化的百年遭际

"文化复兴"的说法隐含着直面近现代史上中国传统文化式微的事实。自1840年以来的近170多年中,中国传统文化的遭遇可以用"凤凰涅槃"来形容,这一轮回大致有三个阶段:

(一)"割断尾巴往前赶":传统文化困厄的原由

当代青年普遍存在对传统文化的隔阂。同学们对东北二人转可能不陌生,因为有赵本山、小沈阳,但是如果去看看同样一男一女搭配的苏州评弹,再同二人转比比,也许会感到惊讶,原来传统文化的风格可以有这么大的区别。同学们可以看看自己和周边的同学,从头到脚,有多少是中国原有的东西?韩国有国服,日本有国服,越南、泰国、印度、巴基斯坦等都有国服,但我们没有自己的正式服装,也没有自己的传统发型。中国原有的文化,现在有许多已经看不见了。

传统文化的如此处境不是自发形成的,而是1840年以后,我们"割断尾巴往前赶"的直接后果。五四时期的学者如鲁迅、胡适等曾提出"不看中国书"。这不是书斋里的学者开书目,而是人们对"中国往哪里去、怎么去"的严肃思考,反映的是中国人近代史上一段惨痛的心路历程。

在相当长的时间里,中国在经济、政治、社会和文化发展水平上都具有世界领先的优势。在历史上,中原屡屡遇到异族入侵,但中华先人自信，民族相处和文化融合的结果是中华文化最终会化剑为犁，使外来民族融入中华民族之中。历经沧桑绵延至今，这曾是中华民族最重要的心理支撑。但1840年以后，这一心理支撑的基础崩塌了。

鸦片战争中国输了，但输得好像很有理由，英国人坚船利炮，大清武器不行。但其后不久的甲午战争把中国人彻底打醒：中国的军舰比日本先进，但仍然输了，而且输得更惨。两个几乎处在同一起跑线的近邻国家，一个革新之后赢了，一个守旧不变输了。这使中国人明白，我们不输在武器，而输在人背后的制度和文化，输在原有文化的拒绝变革。

一个曾经以文化自傲的民族，第一次承认自己的文化有问题，这带来了难以言表的心灵震撼！这种震撼绝非今天的人所能体会乃至想象，但不能体会当时的震撼，就无法理解中国人在举办奥运会过程中表现出来的那种罕见的投入、执着和虔诚。也正因为震撼之强烈，觉醒的中国人摆脱过去依恃文化、坚守民族立场的想法，而走向另一个极端：中国要革故鼎新，奋起直追，只有彻底割掉传统文化的尾巴。彻底到什么程度？不读中国书是一种主张，在文化上，最极端的主张和实践，是试图把汉字拼音化。这不是在汉字上注拼音，而是拿拼音代替汉字，同世界接轨，走同一条表音文字的道路。

汉字是中华文明最重要的成果之一，中国的许多重大发明都同文字有关，中华民族的文化精神很大一部分就蕴藏在汉字之中。世界上绝大多数国家都采用表音文字，文字只是记录语音的符号，本身没有意义，但汉语的音和字各有功能，汉字不是简单记录语音的符号，而具有自己独立的意义。20个世纪50年代，中国认真地尝试了汉字的拼音化，历经数十年成功地通过了种种技术难关的汉字，差点就此消失。最后之所以幸免，说句调侃的话，是因为秦始皇只搞了"书同文"，没搞"音同字"，同音异字和同字异音现象十分普遍，各地方言大相径庭，汉字不可能单由发音来表达准确的意思。

这足以说明，当时中国人在割传统文化尾巴上，态度何等决绝。如果汉字真的消失，那中国就得像世界上其他国家一样，现代人看不懂古代文献,中国的文脉从此断裂,中国人的思维方法将彻底改变,甚至中国文化的内在结构都可能遭到严重侵蚀。

中国四大发明中,纸和印刷术都同文字直接有关,中国的书法、绘画、篆刻、舞蹈乃至武术、医学都同汉字有内在联系,在中国艺术中,相比其他门类,文学的历史演变轨迹最为清晰,不同时代都有新的形态和重大成果问世。

既象形会意又表音的汉字,同中国人擅长的"具象思维"高度同构,由此形成的"意象言"的思维和表达模式,对今天人们的创意活动仍然具有重要的方法论意义。2010年上海要举办世博会,世博会是一种主题会展,不同于单纯陈列式的展出,主题会展必须有同主题相关的创意,而其基本原理就是"意象言"的统一:主题必须包含对人类面临的重大问题的思考,所谓"意";这个思考必须通过看得见的形式,用一个故事展示出来,所谓"象";这一思考最后要表现为一个简洁明了的命题,所谓"言",画龙点睛地概括和表达出来,传播给所有参观者。

历史留给我们大量文化遗产,但当时的中国人以壮士断臂的决心,把传统切断了,为的是翻开历史新的一章。这一步跨出去不是毫无意义的,但也留下了严重的问题。这不只是心理上的痛苦,更是实践中的困境。

(二)"融入世界过程中的抗排异处理":传统文化边缘化的缘由

中国没有经历像西方那样的宗教改革,也没有经历日本那样的明治维新,传统文化缺了一个现代转型的环节,其中积极与消极的部分没有经过分离和改造,为了防止其中消极部分卷土重来,克服对引进文化的"排异反应",传统文化被自觉不自觉地置于边缘地位,受到压制,而外来文化则居于特殊地位。比如,英语在中国的教育体系和考评体系中所占据的地位,与其实用价值不相匹配。为什么中国人要把那么多的时间都用在学习英语上面?为什么要给英语比中文还要高的地位?不少同学为了学习英文,把中文都给生疏了。相比英文,中文是不是被边缘化了?其实,不止语言,许多传统文化项目都被边缘化了。

我们在世界不少国家建立了孔子学院,但主要教的是汉字,至今我们对孔子及其学说的态度仍然是暧昧的,这一方面因为孔子学说还没有完成文化上的现代转型;另一方面我们仍然顾虑传统文化对现代化的"排异反应"。中国传统文化生命力太强,中国人即使学习了外国的文化,也容易回到原有的传统。

最能反映传统文化生命力顽强的例子是清明节。每年4月4日或5日及其前后各10天都属于清明节,传统上就是缅怀先人、祭扫坟墓的节期,2008年被列为国定假日。此前的几十年里,清明节得不到官方认可,没有商家炒作,在媒体年年"破除陋习"的声浪中,这个节期不声不响、不依不饶地延续到今天。2009年,光是清明当天,全国外出祭扫的人数就达1.3亿人,占到总人口的1/10。即使在上海这个崇尚西方文化的城市里,每年都有700多万人在清明节期间祭祖扫墓。没有组织动员,但日子一到,整个民族集体行动,因为这个时间节点已经烙印在每个中国人的心里。

清明节只是一个文化案例,但从中可以分析出许多深刻的道理。比如,未经转型或"无害化"处理,中国传统文化的要素就像清明节那样蛰伏着,悄悄地影响着我们,其效应可能是积极的,也可能是消极的。看看今天的电视屏幕,身穿古装的现代人口口声声自称"奴才",一副很享受的样子,真让人有时光倒转、历史停滞之感。为此,对传统文化保持警惕,随时采取针对性措施,就显得很有必要。

(三)"民族振兴的核心":传统文化重塑辉煌的契机

在传统文化的百年遭际中,从改革开放到现在,可以算第三阶段。这样的划分,首先不是一个时间概念,而是基本态度的转变。改革开放以来,国民经济的迅速发展,使民族振兴、中国崛起成为一个现实的议题,也使探究中国崛起的文化原因成为议题。

什么叫民族?什么叫国家?现代意义上的民族国家同时具有文化含义,离开了自己的文化,就不能叫民族,中国的崛起应该作为一个具有完整的文明历史、鲜明的文化特色的民族而崛起。然而,没有文化,就没有民族的身份,离开了传统,中国特色也无从说起。因此,中国的崛起,必然要求文化复兴,这是传统文化重塑辉煌的重大契机。改革开放以来掀起了一轮又一轮文化热,其实质不但是寻根热,更是寻求传统文化自身更新的道路之热。这清楚地表明,中国的经济发展必然带来传统文化的回归和再生。而这正是中国继经济崛起之后,在更大范围和更高层次上的与时俱进。当代青年和传统文化的关系也将在这一层面上全面展开。

三、继承与创新：当代青年的历史使命

当代青年承担着继承传统、实现文化创新的使命,需要在四个方面有所行动和作为。

（一）体认文化基因

继承文化传统、实现文化创新是当代青年的历史使命,因为这一代青年的成长和发展同中国文化的复兴不但在时间上是契合的,在命运上也是共享的：没有青年的担当,中国文化的复兴就找不到主体；不立足于民族的文化传统,青年的发展就失去了根基。30年中国高速发展隐藏着许多文化的密码,等待青年去破解、去开发,这是真正的文化财富,是比2万亿美元的外汇储备更有价值的软实力源泉。

传统文化的回归是青年的机会,但要把握住这个机会,需要青年人有所作为,首先要增强对自身内在文化特性的感受和认知。这不是简单看几本古代典籍、记一些名人言论就可以达到的,而是要深入发现蕴藏在我们思想意识、心理结构和行为方式中的传统文化某种类似于基因的东西。为什么2008年的奥运火炬传递和汶川地震会引出全国青年强烈反应和积极参与,而让成人世界刮目相看？因为,对国家、民族和血脉的体认是中国人共同的文化基因,拥有共同文化就拥有相同的感受、相同的思维和相同的处事方式。如同面对磁石,铁器都会表现出磁性一样,文化就是民族成员的共同磁性。当代青年要了解和掌握传统文化,不仅要眼睛向外看,看周边各种传统文化的表现,更要向内看,看存在于自己一思一言一举一动中的文化基因,那种不表现在服装、发型上而深藏在内心的文化特性,并在外部文化和内在文化的相互激发彼此强化中获得最深刻的个人体验。

（二）重建文化认同

在全球化成为潮流的今天，不可能排斥同外来文化的接触，但是中国青年对传统文化是否亲和，是否敏感，有否欣赏能力，能否推陈出新，值得每个人注意。

讲到民族文化和青年个人的关系，不能把它简化为一种道义责任，要求青年苦行僧般地扛着。文化的意义和生命力最终都体现在个人对文化发自内心的认同甚或无意识的亲近。面对传统文化，青年人不应该只有沉重，而应该倍感踊跃。要有意识地去接触传统文化，敞开心扉地去理解和欣赏传统文化，逐步建立起认同和联系。

文化认同既是一种心灵感应，没来由，就是喜欢；也是一种理性判断，认同值得认同的部分。中国传统文化要实现更新和再生，还须完成一个转型过程，那就是要把积极的方面与消极的方面甄别出来和区分开来。为了弘扬传统文化，有人积极推进读经活动，这本身不是没有意义的，但《三字经》或《弟子规》之类的经文中存在着有待清理的糟粕，也是不可否认的。中国历史知识需要普及，传统智慧应该接续，但不能流连于其中的阴暗诡诈，甚至大加美化。把孩子与洗澡水一起倒掉，固然过分，但抱回孩子时，将泥浆水也视为珍宝，则是同样甚至更加的过分。

文化认同不是狭隘的民族主义、文化中心主义，动不动就搞抵制活动。中国要作为一个大国崛起，必须融入世界，没必要也不应该在常态的生活领域里随便以民族主义的名义出击。文化认同不表现在诸如贸易和消费这样互通有无的方面，现实世界里有更大的舞台、更合适的场合展现我们的民族品格。青年人应该既有文化认同又有国家意识，既要强化对传统文化的敏感与亲近，又不做情绪过于亢奋而常常失控的狭隘民族主义者，否则，中国只能关闭国门，民族振兴和国家崛起也就无从谈起。

（三）开发文化智慧

当代青年与传统文化的关联，还在于中国对人类承担的责任。所谓大国，一定意义上就是责任大国，因此中国的崛起，必然要求中国直面全球问题,向传统文化寻求具有当代世界意义的解决方案。

中国是一个有智慧的民族,中国人从来对人类文明是有贡献的,这个贡献不仅仅是我们熟知的四大发明。

在精神领域,中国贡献给世界的,不光有孔子及其"己所不欲,勿施于人"和"有教无类"的思想,还有老子、孙子、韩非子等一批思想家的智慧成果。

在物质遗产方面,2008年四川发生地震,建筑毁坏严重,但同样处于灾区,公元前256年建造的都江堰水利工程却没有遭到多大破坏。都江堰是世界上建造最久、唯一留存并仍在运行的水利工程,几千年里一直灌溉着成都平原,实现了一个农耕民族最现实也最不现实的愿望——水旱从人。都江堰的构造非常简单,充分利用了自然条件,因地制宜,表现出传统的天人合一思想和高超的设计思路,其科学合理性得到了现代科学的证明,享誉世界。

在生活方式上,中国传统文化蕴含着极其高明的智慧,但我们自己却常常没有意识到。前段时间,中国有个代表团去挪威学习养老经验,包括怎么建造和管理养老院。可挪威人说,你们搞的居家养老才是全世界最好的方式。西方国家把老人收进养老机构,就像把一棵树从原来的土里连根拔出来,活生生的生活不见了。但中国让老人在家里住,由社区提供帮助,不脱离原来的生活环境,是对老人最人性的照顾。我们采取居家养老的初衷是因为资金不够,外国人看到的则是"中国智慧":老人是家庭的根,家庭是老人的土壤,家庭应该承担养老的首要责任,而且"远亲不如近邻",社区能够发挥社会支持的作用,帮助家庭更好地承担起这份责任。

类似蕴藏着大量中国传统文化智慧的例子不胜枚举,等待着我们去发现和开发。

(四)激发文化活力

德国哲学家黑格尔认为中国没有历史。他所说的历史,不是单纯的时间概念,而是随时间而变化发展的概念。中国传统文化绵延数千年,时有辉煌呈现,但平心而论,相比西方文化自近代以来持续勃兴,中国传统文化在先秦之后，思想力便逐步衰退，到明清时期，创造力已近枯竭。民族振兴、文化更新的一大课题，就是青年如何接续千年辉煌，再现创造力的奔涌，在传统文化的基础上，重返人类文明的前沿。

中国曾经是一个非常有创造力的民族，成果累累。同处"轴心时代"，诸子百家在人类文明史上都属于一流人物，宋朝的中国在经济、文化、政治、科技都居于世界领先地位，一枝独秀。按照一生研究中国古代科技史的英国学者李约瑟的说法，西方在文艺复兴以后迎来了工业化，其技术基础相当部分来自中国。

中华民族靠文化立国，中华先人富有创造力，青年人不应妄自菲薄。关键在于我们能不能焕发创造力，激发民族文化的活力，这是一个真正的挑战。没有创新，就没有一个国家、一个民族在世界上的地位。在金融危机中，有三个国家的货币受影响较小——美国、日本和中国。其实，如果德国不进入欧元区，马克应该不会贬值。以上四个国家都有东西支撑各自的货币。其中，美国、德国和日本都有核心技术。美国把金融搞成这副模样，但为何危机降临，美元反而升值？因为美国有东西可以卖给世界，那就是科学技术、创造力和相应的条件。德国是世界上最大商品出口国，出口的东西，大多数要么是别国生产不了的，要么是别国生产了也没有它的好。而曾经讥讽自己"一百年里只发明了一个捕苍蝇盒子"的日本，20世纪50年代向别国买技术，现在却是不肯卖核心技术给别人。

没有科技创新，没有文化创意，要在今天的世界上做大国，根基是不牢靠的。所以，衡量中国未来的发展，反映中华民族的活力，最后就看一个指标，那就是创新，不光科技创新，还有文化创新、制度创新，方方面面的创新。

不要把传统文化看作外在于我们的东西、强加给我们的东西，传统文化是我们自身，是中国人与生俱来、摆脱不掉的东西。中华民族的一个伟大之处，就在于每个中国人始终都会受到割不断的民族文化影响，她可以让你根本不感到她的存在，但总有一天，你会突然发现她就在自己的身边甚至身上。我们能做的就是要不断提高自己的文化自觉,重新发现自己,发现自己身上的文化基因,并在世界全球化的大背景下,实现自身发展和中华文化的更新。

此文为 2009 年 4 月 12 日在"东方讲坛·上海大学"所作的演讲。2009 年 9 月 6 日发表于《解放日报》(发表时有改动),《新华文摘》2010 年第 1 期全文转载

后　记

《创新时代　青春出彩》是一本展现上海大学通过课程平台,推进"全员育人"与"全程育人"的过程和成果的文集。

"创新中国"课程得到学校众多学科教师的积极响应,至今为止,在这一门课程中担任主讲的本校教师已超过50位。

《创新路上大工匠》的编写不但汇集了社会学院、无人艇工程研究院、机自学院、材料学院、理学院、计算机学院、通信学院、生命学院等学院的教授和研究员,更离不开上海大学出版社编辑团队的鼎力相助。

"我的上大我创新"征文活动,得到出版社、招生办、教务处、学工办的支持和帮助,还获得上海高校后勤集团、上海教育超市的大力赞助。

而《创新时代　青春出彩》从前期准备到最后成书,得到顾晓英研究员、傅玉芳编审的全力支持,她们的贡献是这本书得以在半年内出版的保证。

正是有了大家的协同参与,"全员育人、全程育人"和"同向同行"等最新教学理念才得到了富有实效的践行。在此谨向所有为履行教书育人神圣职责而尽心尽力的部门、教师,一并致以衷心感谢!

  关于这本书及其编写过程,前言中已有充分而详细的介绍,这里没有更多需要补充的,只就附录部分稍作说明。附录共收集了4份材料,即"'我的上大我创新'新生征文比赛邀请信"、我作为主编在"创新中国"公开课暨《创新路上大工匠》出版论坛上的主旨演讲稿《感受创新,体认中国》,还有我发表在《中国高等教育》2017年第5期上的有关"同向同行"课程设计的论文和发表在2009年9月6日《解放日报》上的《传统文化与当代青年》。前3份材料主要用于说明"我的上大我创新"征文活动的背景、构想和过程,读者可以从中更详细地了解到本书的编写宗旨和组织方式;而从《传统文化与当代青年》一文,则可以知道"大国方略"课程团队连续开发面向本科生的通识课,突出中国文化作为中国未来创新之源的想法,从何而来。中华民族伟大复兴的希望最终依托是创新,中国文化内在生命力的最终证明在创新,而中国青年的未来则最终取决于他们如何吸取中国传统智慧,创造性地提出具有世界意义的技术、理论和思想。努力学习,勇于创新,成就自己,服务国家,贡献人类,才是青春出彩的主旋律!

顾　骏

2017 年 10 月 13 日